팬데믹 패닉 시대,
페미-스토리노믹스

이 도서는 한국출판문화산업진흥원의 '2021년 우수출판콘텐츠 제작 지원 사업' 선정작입니다.

팬데믹 패닉 시대, 페미-스토리노믹스

지은이   임옥희

발행   고갑희

편집   사미숙 · 홍보람

펴낸곳   여이연

주소   서울시 마포구 월드컵로 8길 72-5, 4층

전화   (02) 763-2825

팩스   (02) 764-2825

등록   1998년 4월 24일(제22-1307호)

홈페이지   http://www.gofeminist.org

전자우편   gynotopia@gofeminist.org

초판 1쇄 인쇄 2021년 11월 25일

초판 1쇄 발행 2021년 11월 28일

값 16,000원

ISBN 978-89-91729-43-8 03330

잘못된 책은 바꿔 드립니다.

폭력의 시대, 타자와 공존하기

임옥희 지음

도서출판 **여이연**

차례

'나'는 즐거운 상상을 해본다. '화려하게 불 밝힌 따뜻한 슈퍼마켓에서 대하와 스테이크용 살코기가 가득한 개방형 냉장고 복도를 누비며 돌아다닌다. 스포츠카를 타고 쾌속 질주를 하다가 주유소로 들어가 휘발유 30리터를 넣는다. 온라인으로 〈쥐덫〉 표를 예매하고 클릭, 와인 한 상자를 주문하고 클릭, 아이튠즈에 가서 〈피가로의 결혼〉을 다운로드하고, 시드니에서 G의 부모와 직접 만나서 이야기를 나눈다.' SF 단편 〈어느 흥미로운 해의 일기〉에서 나오는 대목이다. 그 흥미로운 해가 2040년이고, 장소는 런던이다.

런던은 콜레라가 창궐하고 물과 하천, 공기가 전부 오염되어 마실 물조차 구하기 어렵고 숨쉬기조차 힘들다. 가난한 사람들은 '공기 난민'이되어 마스크를 쓰고 살면서 온갖 피부병에 시달린다. 식량을 구하기 힘들어 만인이 만인에게 이리가 된다. 그래도 어디나 부자는 있고, 부자들은 정화된 공간에서 안전하게 잘 먹고 잘산다. 소설 속 G의 말처럼, "지구에는 모든 사람의 **필요**를 충족할 만큼의 자원이 있지만 모든 사람의

탐욕을 충족할 만큼은"¹ 아니다. 그런 시절 화자인 '나'는 아무렇지도 않게 소비했던 일상이 그리워서 상상하는 것만으로도 숨을 쉴 수 있을 것 같다고 말한다.

2040년 SF 속 런던이 아니라 2021년 현실 속 서울은 어떤가? 대다수 사람은 코로나가 2년 동안 지속되리라고는 상상하지 못했다. 2019년만 하더라도 특별히 누리고 있다고 생각조차 하지 않았던 것들이 사치스러운 일상처럼 다가온다. 회전문 관객들이 영화관에서 〈보헤미안 랩소디〉를 보면서 퀸의 노래를 떼창하고, 상암 경기장에 모여 고래고래 소리치며 응원하고, 친구와 만나서 식사를 하고, 커피를 마시고, 도시를 걷고, 공원을 산책하고, 수다를 떨고, 노래방에서 노래를 하고, PC방에서 게임을 하고, 1박 2일 어디든 여행을 하고, (...) 등. 금지된 지금에야 비로소 그런 일상이 얼마나 소중했던가 절감하게 된다.

지금으로부터 정확히 백 년 뒤 2121년의 후세대들이 한 세기 전 한국의 풍속사를 읽으면 무슨 생각이 들까? 몇 만 명의 관중이 빼곡히 들어찬 경기장에서 함께 함성을 지르고, 함께 노래하는 한 세대 전 사람들의 모습이 그들의 눈에는 어떻게 비칠까? 스포츠 경기가 끝난 뒤 술집으로 우르르 몰려가 삼겹살을 지글지글 굽고 소주잔을 서로 돌리고 어깨동무를 하고 침방울을 마구 튀기면서 노래 부르는 모습을 22세기 인들이 본다면 기괴하고 공포스럽고 야만적으로 비칠까? 저런 비위생적이고 무지한 행동을 했으니 팬데믹이 휩쓸만했네, 라고 안타까워하면서 자기 세대의 우월감을 맛볼지도 모른다. 미래 세대는 타액을 공유하는 비위생적인 습관은 버린 지 오래되었다.

≪팬데믹: 여섯 개의 세계≫에 실린 배명훈 작가의 SF 〈차카타파의 열망으로〉는 22세기를 사는 후세대들의 시선으로 21세기 인류의 모습을 묘사하고 있다. 지금 화자인 '나'는 21세기 초반의 컬링 경기를 보면서 소논문을 준비 중이다. 그런데 '리그는 블레이오브를 고압에 두고 중단되고 말았다. 그리고 영상자료 수집일이 다 되도록 재개되지 않았다. 그 유명한 2019년 감염병의 여바였다.'라고 적는다. 그들의 언어에는 격음과 경음이 소멸되었다. 침방울이 튀지 않도록 언어는 순화되었다. 그들의 발음은 노래하듯 부드럽고 우아하다. 한 세기 전 코로나의 여파로 사람들의 언어습관이 바뀌게 된 탓이다.

22세기 인들은 21세기 인들의 인권의 역사를 보면서 어쩌면 저토록 야만적인 시대를 견뎌낼 수 있었을까, 라고 경악할까? 아무리 기괴한 관행과 편견이라도 다수가 정상적인 것으로 수용하면 그것은 정상으로 '통'한다. 이성애 일부일처, 시스젠더, 비장애를 기준으로 여성을 차별하고, 동성애를 혐오하고, 트랜스젠더퀴어를 박해하고, 동물을 학살하고, 장애인을 시설에 수감했던 21세기 한국인의 풍습과 마주하면서, 22세기 인들은 과거 세대들의 끔찍한 차별과 혐오의 관행에 대해 수치스러워할 수도 있을 것이다.

코로나바이러스가 초래한 자가격리와 유예된 활동의 시간은 '생각에의 초대'라는 선물을 가져다주었다. 자가격리의 시간은 인디언 신화의 거미 여인 치치나코처럼 생각에 생각을 자아낼 수 있도록 해준다. 코로나로 인해 우리가 사는 세계가 강제적으로 전면적인 디지털 플랫폼이 되어버린 시대에, 인간을 인간으로 만들어주는 것은 무엇이며, 그런 인간은 이제 무엇을 성찰하고 생각하도록 초대받고 있는 것일까?

　예술창조는 인간만이 할 수 있는 능력이라고들 믿었다. 하지만 AI가 보여준 것은 창의성이 인간에게만 고유한 것은 아니라는 사실이었다. 인간의 예술적 창조성마저 AI가 수학적 알고리즘으로 해결할 수 있다. 소위 4차산업 시대에 AI가 시, 소설, 그림, 춤, 작곡 어떤 예술영역이든 인간보다 더 탁월하게 수행할 수 있다면? 인간은 AI와 더불어 어떻게 살아가야 하는가?[3]

　여태껏 살아온 방식의 "거대한 리셋"이 현실화되고 있다. 2020년 다보스포럼(세계경제포럼)의 의제가 '거대한 리셋'이었다. 그것은 다보스포럼의 회장이자 ≪클라우스 슈밥의 위대한 리셋: 제4차 산업혁명×코로나19≫[4]의 저자이기도 한 클라우스 슈밥Klaus Schwab의 선언이기도 하다. 코로나를 계기로 새로운 질서로의 리셋은 쓰나미처럼 밀려들어 저항할 틈새마저 없었다. 그런 물결에 휩쓸려가거나 아니면 익사하는 수밖에 없다. 바이러스 바이오경제v-nomics가 2021년의 트렌드 코리아가 되고 있다. 바이오테크의 주가는 천정부지로 치솟고 있다. 금융, 화폐, 산업 시스템 전반에 이미 혁신적인 변화가 일어나고 있다. 5G를 바탕으로 한 비대면-디지털 시스템으로 패러다임이 전환되면서 인터넷 플랫폼 중심으로 세계 질서가 신속하게 재편되고 있다. 인간의 모든 활동이 디지털 데이터로 축적되고 분석되는 빅데이터화가 진행 중이다. 테크노 사이언스는 광속으로 발전하고 그런 속도전을 따라가지 못하는 사람들은 디지털 난민이 되어 변화의 맷돌에 갈려 나가게 되었다.

　지구 행성의 자원을 인간이 독점하는 인간중심주의로는 지구가 더는 버틸 수 없는 한계상황에 이르렀다고 많은 과학자들이 예측하고 있다. 이런 상황에서 출구는 어디에 있을까? 지상의 모든 존재가 공생하려면 지구 행성을 쓰레기더미로 만드는 채굴 자본주의에 등을 돌려야 한다. 재밌게도 그런 소비채굴자본주의 가부장제에 패륜아, 배덕자가 되겠다고 선언한 페미니스트가 다너 해러웨이다.

그녀가 들려주는 '지구생존 가이드'로서 페미니스트 - 스토리텔링은 페미니스트 패러다임으로의 전환에 대한 미래의 약속처럼 보인다. 1983년 '사이보그 선언'에서부터 2003년 '반려종 선언,' 그리고 2016년 '퇴비주의 선언'에 이르기까지 그녀의 저술은 생물과학자의 학술 논문이라기보다 SF처럼 흥미롭게 다가왔다. 이세돌이 알파고에게 여지없이 깨지는 AI 시대, 페미니즘과 인문학적 가치의 무력함에서 벗어나 재밌는 여자들의 이야기를 만들어봄으로써 세계 짓기에 동참하도록 독려하는 해러웨이의 글쓰기가 이 책을 쓰는 데 동기부여가 되었다.

글로벌 양극화 시대에 여전히 노동, 일자리, 생산성만을 주장한다면 지구 행성에서 모두의 생존은 불가능할지도 모른다. 노동중독이 자본주의의 지구 행성의 착취에 공모하는 것이라고 한다면, 4차산업 시대 세계를 바라보는 관점은 달라져야 한다. 그것이 해러웨이가 보여주는 페미니스트로서의 통찰이다. 삶 자체가 이야기 배달로 지속되는 것이라고 한다면, 여자들의 이야기로 세계 짓기를 하는 것이야말로 페미니스트 관점으로 패러다임을 전환하는 것이다. 소비하는 데서 자유를 맛보도록 소비중독시대를 열어간, 자본세와 인류세가 지배하는 세계를 변혁할 수 있는 것이 해러웨이 식의 퇴비세는 아닐까? 그것은 지상의 존재들이 바이러스처럼 이야기를 전파하고, 거미처럼 네트워킹을 하고, 버섯처럼 훼손된 지구의 복원에 참여하도록 사유의 지평을 넓혀주는 것이다.

세계가 디지털 플랫폼이 된 시대에 디지털 난민들, 지상에 집 없는 자들, 장애인들, 아이 딸린 여자들, 근본 없는 패륜아들, 중독자들, 경계 선적 존재들, 그리고 숲, 강, 대기처럼 소비자본주의 사회에서 오염되고 실격처리된 존재들과 더불어 존재의 안무에 참여하는 이야기가 페미-스토리텔링이다. 페미-스토리노믹스femi-storinomics는 소비자본주의 사회가 실격처리한 최소수혜자들, 그들을 사회의 기본값으로 설정하려는 이야기 경제다. 그것은 탈인간중심주의적인 불구의 '시간성'을 전파한다. 그것은 낯익은 세계를 낯설게 만드는 '허구적인' 예술/기술/장애의 시간성이다.

글로벌 팬데믹 시대에는 다른 상상이 요청된다. 현재를 낯설게 함으로써 다른 상상의 세계를 보여주는 데 SF만큼 탁월한 장르도 드물 것이다. 제도권에서 한때는 싸구려 B급 문화로 푸대접을 받았던 사변소설speculative fiction에 바탕을 둔 페미-스토리텔링은 대중적이고 교훈적이면서도 무엇보다 재밌다. 김보영, 김초엽, 제임스 팁트리 주니어James Tiptree Jr., 옥타비아 버틀러Octavia E. Butler, 어슐러 르 귄Ursula Le Guin, 조애나 러스Joanna Russ, 마거릿 애트우드Margaret Atwood, 엘리자베스 문Elizabeth Moon, 반다나 싱Vandana Singh 등이 보여주는 '사변소설'은 페미-스토리텔링을 효과적으로 전파하는 우화적 장르다. 이들 장르는 정상성 이데올로기에 균열을 내고 그 틈새에서 새로운 세계를 짓는다. 그것은 오염되고 훼손된 지상에서 새로운 이야기의 씨앗을 뿌리고자 한다.

이 책은 코로나 팬데믹 시대 사회적 약자에 대한 혐오에서 공감으로 나가는 촉매가 되고자 한다. 혐오에서 공감으로 유도하는 통화currency가 '이야기'이다. 그런 통화가 페미-스토리노믹스다. 페미-스토리노믹스는 페미니즘+스토리텔링+이코노믹스의 합성어로서 필자의 조어다. 무력하고 가난한 이야기가 여자들의 '힘'이자 '돈'이 되고 여자들의 생존과 생계에 핵심일 수 있다. 또한 그것은 사회적 약자들의 '이해관계'를 협상하고, 정치경제적 불평등을 비판하며, 시민적 정의를 설득하는 페미-스토리텔링에 바탕한 페미니스트 페다고지이기도 하다. 페미니즘의 관점에서 다시 읽는 사변소설은 혁신적이고, 재밌고, 경이로운 페미-스토리텔링을 제공한다. 바이러스처럼 감염되고 전이되는 이야기들은 하나의 지구종으로서 인간이 혐오를 넘어 지상의 모든 존재와 만들어나가는 공생 공작적인 '실뜨기 놀이'가 될 수 있음을 보여주는 것이다. 그것이 이 책을 쓰고자 한 이유이기도 하다.

1장

팬데믹 패닉 시대, 패러다임의 거대한 전환

미래의 약속은 어디에

기후재난의 시대, 인류의 미래는?

포스트휴먼 시대, 다시 인간을 묻는다

우리는 어떻게 포스트휴먼이 되었는가?

다시 돌봄을 생각하다

코로나 사태가 장기화함에 따라 코로나 팬데믹은 비상사태가 아니라 새로운 일상이 되었다. 일상생활이 중단된 지금, 무증상 확진자가 되었던 한 지인은 한동안 코로나 블루에 시달렸다. 아파트 공유공간인 별다방공방에 모여 그들은 가을 바자를 준비하던 참이었다. 그와 함께 바자에 관한 아이디어를 나눴던 다섯 명 모두 밀접접촉자로 분류되었다. 밀접접촉자들은 각자 2주 동안 자가격리에 들어갔다. 본인은 생활치료센터에 격리되었다. 이 사건으로 인해 그녀는 육체적으로 무증상자였지만 정신적으로 심각한 증상자가 되었다.

평소 그녀는 이웃에게 다정하고 밝은 에너지를 전파하는 사람이었다. 전혀 의도하지 않았지만 자신이 주변에 민폐가 되었다는 사실이 용납되지 않았다. 무엇보다 자신이 타인의 시간과 일상생활을 빼앗았다는 부담감으로 심각한 불면증에 시달렸다. 퇴소 후에도 확진자를 '확찐자'라고 농담으로 소비하면서 혐오하고 배제하는 불편한 시선도 견뎌야 했다. 3밀(밀폐, 밀집, 밀접)을 피하고, '흩어지는 것이 연대'라고 하는 코로나 시절의 시민의식에 미흡한 사람으로 취급되는 것도 억울했다. 자신이 보건 위생 통치의 대상이라는 사실에 새삼 복잡한 심경이 되었다. 벌써 2년 가까이 당연했던 일상이 강제로 유예되자, 확진자, 비확진자 가리지 않고 다들 신경이 날카로워진다. 가정폭력이 증가하고, 코로나 우울증에 시달리는 상황이 전개되고 있다.

코로나 팬데믹은 전쟁보다 더욱 심각하게 인류생존을 위협하는 재난이다. 재러드 다이아몬드Jared Diamond의 ≪총, 균, 쇠≫에 의하면 중세 유럽은 천연두, 흑사병과 같은 인수 감염병으로 인구의 1/3이 소멸하였다. 20세기 초반 제1차 세계대전의 사망자가 2천만 명이었다. 1차 세계대전 기간 중이던 1918-1919년 사이 스페인 독감으로 알려진 조류인플루엔자는 전 세계적으로 5천만 명에서 1억 명을 죽였다. 1919년 식민지 조선에서도 그로 인해 14만 명이 사망에 이르렀다. 김구 선생도 '서반아 독감'을 앓았다고 ≪백범일지≫에 적어두었다. 스페인 조류인플루엔자가 1차 세계대전을 종식시켰다고 해도 과언이 아니었다. 2020년 스태티스타Statista 통계자료에 의하면 10년 동안 베트남 전쟁에서 미군 사망자는 47,434명이었다. 반면 2020년 한 해 동안 미국에서 코로나바이러스 감염 사망자는 10-24만 명으로 추정한다. 전쟁보다 바이러스 감염병으로 죽은 사람이 거의 4-5배에 달한다.

여기서 흥미로운 역설은 바이러스와의 공진화 과정에서 인간이 바이러스의 피해자만이 아니라는 점이다. 바이러스와 갈등과 전쟁을 경험하면서 인간이 그로부터 얻게 된 수혜도 있었다. 인간이 지금과 같은 모습으로 살아남은 것은 바이러스와의 투쟁과 극복의 과정을 거치면서 공진화했기 때문이다. 인간 DNA의 45퍼센트가 바이러스 단백질과 합체되어 있다고 생물과학자들은 말한다. '지구는 거대한 바이러스 행성이며 지구에 거주하는 인류는 바이러스 인간이다.' 인간 자체가 '바이러스 인간'이고, 세계는 바이러스와 더불어 살고 있다. 인류는 이제 독감 바이러스처럼 코로나와 함께 살아갈 것이다.

진화과정에서 인류는 지구상의 수많은 종에게 일종의 바이러스였다. 다양한 종들을 절멸시켰던 인류는 비인간 동물의 서식지 또한 정복하고 파괴했다. T.C 보일의 단편 〈1989년 7월, 시스키유 숲〉에서 1980년대 후반 환경운동가들은 벌목으로 사라져가는 시스키유 국유림과 멸종 위기에 빠진 점박이올빼미를 비롯한 야생동물을 지키려고 애쓴다. 이에 지역 벌목 산업의 위축으로 생계의 위협을 우려한 벌목공들이 노란 리본 연합을 결성하고 시위에 나섰다. 리본에는 "스컹크에게 생명을, 활동가에게 로드킬을. 당신은 생계형 노동자입니까? 아니면 환경운동가입니까?"라고 적혀 있었다. 벌목노동자들은 환경단체가 가난한 사람들의 생계보다 멸종 위기의 동물을 더 소중하게 여기는 것에 분노한다. 환경단체 활동가는 틀림없이 '검둥이 환경주의자이며 동성애 성향이 짙은 볼셰비즘 테러리스트의 위장 세력'이라고 그들은 믿어 의심치 않는다. 당시는 냉전시대였으므로, 빨갱이라는 비난은 전가의 보도였다. 누구의 어떤 잘못이든 빨갱이 탓으로 몰아붙이면서 자신들의 행위를 정당화했다.[6] 그로부터 40년이 지난 2020년 상황은 개선이 아니라 더욱 악화되었다. 북극 빙하가 '북극곰의 눈물'처럼 녹아내리는 것은 미디어의 광고효과로 이제 익히 알려진 사실이다.

조각난 빙하 위에 위태롭게 서 있는 앙상한 북극곰의 처지가 인류의 근미래가 될 것이라고 과학자들은 예측한다. 다큐멘터리 〈종의 보존 vs 인류생존Entangled〉은 북대서양 참고래의 멸종과 어부들의 이해관계를 어떻게 조율할 것인가를 다루고 있다. 이 다큐멘터리는 SF적 상상력이 이미 현실이 되었음을 참혹하게 보여준다. 참고래들은 포경산업 때문이 아니라 어민들이 쳐놓은 그물, 어구들, 선박과의 충돌, 선박 소음 등으로 고통스럽게 죽어가고 있다. 그 지역사회의 경제적 기반이 어업이고 대대로 어업에 종사해온 어민들은 환경단체가 요구하는 대로 수직 그물의 길이를 줄인다면, 당장 생계가 위태롭다고 하소연한다. 기후위기로 동물성 플랑크톤이 줄어들자 참고래가 먹이를 찾아 남쪽으로 이동하다가 어로 장비에 감겨 고통스럽게 죽어가는 지경에 이르게 되었다. 이런 "지구 문제의 후유증"을 왜 어민들에게만 전가하느냐는 시위가 격렬하다. 한국의 개고기 산업을 다룬 케빈 브라이트Kevin Bright 감독의 다큐멘터리 〈누렁이〉또한 학대받는 개와 야만적이라고 비난받는 최하층 생계노동자로서 개장수, 도축업자와 한국의 보신탕 식문화가 복잡하게 얽혀있다는 점을 잘보여준다. 코로나 사태가 인간이 하늘, 바다, 숲, 강, 동식물 자원을 공짜인 것처럼 마음대로 착취한 대가라고 말하기는 쉽지만, 그 문제와 내가 어떤 관계이고, '어떻게' 협상해야 지구 행성이 지속 가능할 것인가라는 구체적 문제와 부딪히면 손쉬운 해답은 찾기 힘들다.

기후재난의 시대,
인류의 미래는?

바이러스와 더불어 살고 있는 지구 생태환경의 위기가 우리 의식에 도착하기까지 우리 삶을 뒤돌아보도록 만드는 전시가 있었다. 인천아트플랫폼에서 열린 〈간척지, 뉴락, 들개와 새, 정원의 소리로부터〉였다. 마스크를 쓰고 전철을 타고 인천으로 이동하면서 나는 머릿속이 복잡해졌다. '지금과 같은 팬데믹에 기후재난까지 덮친다면 지구 행성에서 인류의 삶이 과연 지속될 수 있을까?'라는 거창한 의문이 들었다. 발밑의 현실을 외면하는 데 거창한 지구촌 정의 등에 관심을 갖는 것처럼 안전한 전략이 있을까? 눈앞의 일에 개입하면 프로불편러가 되고 혐오의 대상이 되지만 글로벌 정의에 관심을 가지면 단지 오지라퍼가 될 뿐이다. 그렇게 방황하며 흘러 다니던 내 마음은 며칠 전 보았던 뉴스에 머물렀다. 환경단체 그린피스가 공개한 시뮬레이션 영상은 충격이었다. 인류가 현재 속도로 탄소를 배출하고 지구온난화가 가속화되면 극지방 빙하는 녹아내리고 해수면은 급격하게 상승할 것이다. 그러면 간척지 위에 세운 영종도 인천국제공항은 2030년이면 바닷물에 잠길 것이라는 예측이었다.[7] 서해를 사이에 두고 있는 상하이도 마찬가지였다. 아마도 10년

후 기후과학자들의 예측이 현실이 될 것이라고 생각하는 사람은 과학자 자신들 말고는 그다지 많지 않을 것이다.

하지만 코로나 팬데믹 탓에, 더불어 존재했지만 의식하지 못했던 존재들이 갑자기 인지의 대상이 된다. 중국의 어느 동굴에 서식하던 박쥐와 내가 어떻게 연결될 수 있다는 것인지 코로나바이러스로 인해 존재의 연쇄 사슬을 의식하게 된다. 평소 바이러스와 더불어 산다고 하지만 그것이 우리의 의식에 각인되는 것은 팬데믹과 같은 비상상태일 때이다. 생명체도 아니고 그렇다고 비생명체도 아닌 바이러스처럼 경계선적인 존재들은 비록 존재하더라도 비가시화되고 무의식화되어 있다.

이런 존재들이 느닷없이 되살아나서 의식에 점화되는 순간 그에 대한 인식이 가능해진다. 무심히 흐르는 강물이 성난 홍수가 되어 자기 존재를 드러낼 때, 매일 숨 쉬는 공기처럼 당연한 것이 대기오염으로 자기 존재를 드러낼 때 그 순간 폭력적으로 다가올 수 있다. 미세먼지와 황사로 인해 숨 쉬는 것이 더는 자연스럽고 무의지적으로 다가오지 않을 때, 우리는 공기의 존재를 의식하게 된다. 눈이 따갑고 폐가 쓰라리고 목구멍과 코가 따가워서 숨쉬기가 힘들 때, 내 몸은 다공성으로 열려 있고, 몸의 안과 바깥이 서로 연결되어 있음을 새삼스럽게 느끼게 된다. 비인간 존재들이 내게 강제한 인식의 순간을 거치면서, 우리는 타자와 언제나 상호관계 속에 있다는 것을 인지하게 된다. 그런 순간을 제외하면 '바이러스 인간'은 자신이 불순물 없는 청결한 면역 주체라고 착각하면서 살아간다. '위드 코로나'는 말 그대로 코로나19의 종식이 아니라 그와 함께 죽고 살고 한다는 뜻이다.

소비에트 연방의 붕괴를 앞당겼다고 하는 재앙이 1986년 체르노빌 원전폭발이다. 베를린 장벽의 붕괴가 있기 3년 전이었다. 그런 엄청난 사건도 세월이 흘러가면 잊힌다. 스베틀라나 알렉시예비치Svetlana Alexievich의 ≪체르노빌의 목소리≫를 중심으로 해서 만든 넷플릭스 드라마 〈체르노빌〉이 등장했을 때, '아 체르노빌'하고 다시금 기억하는 정도가 고작이다. 기록으로 재연되지 않는 한, 그 시절에 태어나지 않은 세대들은 기억조차 없다. 그러므로 끊임없이 이야기하지 않으면 어떤 재난이든 망각된다. 문제는 인간의 상상력을 초월하는 거대한 재난을, 개연성에 바탕을 두어 사실적으로 묘사한다는 것 자체가 무리라는 점이다. '저급한' 장르로 평가받는 터무니없는 SF적인 상상력이 아니라면, 개연성에 바탕을 둔 '고급한' 사실주의는 그런 재난을 표현할 언어를 찾기 힘들다. 인과론에 따르지 않는 우발적인 재난은 개연성을 넘어선 상상력을 요구하기 때문이다. 그런 맥락에서 팬데믹, 원전폭발, 기후환경 재난 등은 인류문명의 위기에서뿐만 아니라 문화적 '상상력의 위기'에서 비롯된다.

그런 불가능한 재난 상황을 가슴으로 묘사한 것이 ≪체르노빌의 목소리≫다. 스베틀라나 알렉시예비치는 인터뷰에 바탕을 둔 사실적이면서도 허구적인 목소리로 표현 불가능성을 뛰어넘어 체르노빌의 목소리가 우리에게 당도하도록 해준다. 체르노빌은 피폭된 사람들뿐만 아니라 지하의 생명체들, 비생명체들을 망라하여 초토화했다. "체르노빌은 사람 외에도 동물과 식물, 수많은 다른 생물이 존재하는 신이 창조한 세계를 위험에 빠뜨렸다. 그들에게서 들은 이야기는 전대미문의 비인간적인 행위들이었다. 그들은 방사능으로 오염된 모든 것들을 파묻었다. 땅의 껍질을 벗기고 오염된 흙을 시멘트관에 묻어 봉쇄했다. 그들은 지상에 존재하는 개나 고양이 말과 같은 동물들뿐만 아니라 흙 속에서 생존하는 생명체들을 완전히 절멸시켰다. 땅속에서 사는 지렁이, 풍뎅이, 거미, 유충, 이름조차 알지 못하는 다양한 벌레와 생명체를 시멘트 벙커에 묻었다." "사람들은 자신만 구하고 나머지는 다 배반했다."

후쿠시마 원전폭발이든 월성원전의 가동 중단이든 간에 사람들은 지구가 핵 재난으로부터 안전하다고 안심하고 싶어 한다. 체르노빌 원전 폭발 이후에도 핵발전소 건설은 줄어들지 않았다. 북한의 군사 핵과는 달리 전기를 제공하는 평화적인 월성원전은 별개이고 절대로 폭발할 일이 없다고 사람들은 믿고 싶어 한다. 그것이 초래할 재앙에 대해서는 '열정적으로' 알고 싶어 하지 않는다.

이런 상황에서 기후재난, 기후정의를 아무리 거론하더라도, 자본세, 인류세[10]의 소비생활 패턴은 '우연한 계기'로 SF적인 상상이 현실이 되지 않는 한, 바꾸기 힘들 것으로 보인다. 그래서 그레타 툰베리Greta Thunberg 의 지구 행성에 대한 염려와 경고에도 불구하고, 처음에 나는 그녀에게 공감보다 반감이 앞섰다. 익숙하고 편리한 소비자본주의적 삶을 버리고 생태환경을 위한 사소한 불편이나마 견디고 싶지 않았기 때문이었다. '자기 집이 불타고 있는데도 왜들 불구경만 하고 있을까요?' 그레타 툰베리가 4차산업의 본거지 다보스 세계경제포럼에서 신랄한 표정을 지었다. 기후위기에 무관심한 어른들의 태도가 그녀에게는 안타깝고 못마땅하다. 어린 나이에도 지구의 고통을 저토록 절박하게 감각하고 인지할 수 있을까? 미심쩍었다. 나는 죽을 리 없고, 핵발전소는 폭발할 리 없고, 지구 행성은 소멸할 리 없다고 나는 믿고 싶었기 때문이다.

툰베리가 아스퍼거 증후군이라는 사실을 알게 되었을 때, 나는 그의 행동이 이해되었다. 신경다양증[¹]의 일종인 아스퍼거 증후군의 특징 중 하나가 자기만의 독특한 움벨트Umwelt(각각의 종들이 자기 주변을 감각하고 인지하는 방식)에 집착한다는 점이다. 아스퍼거로서 툰베리는 문자 그대로 비상사태는 비상사태로 받아들인다. 붕괴를 알리는 탄광의 카나리아처럼 툰베리는 지구 행성의 카나리아 역할을 자처한다. 비장애인들이 **장애, 비정상, 트러블, 증상**이라고 일컫는 바로 그 신경다양증으로 인해 툰베리는 지구상의 존재들이 겪고 있는 통증을 초공감증상hyperempathy으로 느낄 수 있기 때문이다.

지금이 비상사태임을 인지할 수 있는 예민한 촉수를 가진 아방가르드들이 있다. 살아남기 위해 둔감해지는 법을 배우고 **둔감성=정상성**이라고 여기는 사람들에게 그들의 초공감능력은 비정상이자 장애이며 과잉으로 다가온다. 둔감한 생존의 기술이 심각한 곤경, 장애, 트러블을 일으키기 전까지 소위 '정상인'들에게 비상사태는 인지되기 힘들다. 인간이 호모 사피엔스는커녕 자기 발등에 불이 붙어도 그 사실을 느끼지도 못하고, 알고 싶어 하지도 않는다. 안다고 하여 별수가 없다는 좌절감이 한몫하기도 한다. 우리 모두 죽을 것임을 알고 있지만 죽음은 없다고 부정하고 사는 것처럼 말이다. 위기를 인정하는 순간 미래의 약속을 위해 현재의 삶을 통째로 전환해야 하기 때문이다. 코로나와 같은 감염병은 그 결과가 바로 내 눈앞, 내 몸에 나타나지만, 기후재앙은 언제 그런 재난이 닥칠 것인지가 불확실하고 그런 만큼 절실하게 다가오지 않는다. 불확실한 미래의 약속보다 확실한 현재의 쾌락이 우선이다.

그럼에도 코로나 팬데믹으로 인한 트러블과 실패가 가져다준 성찰은 세계의 일부인 인간이 지상의 모든 존재들과 갈등하고 경합하면서 공생·공진화의 관점으로 선회하도록 만든다는 점이다. 인간/비인간동물, 예술/기술, 자연/문화의 위계화, 차별화에 바탕을 둔 엄격한 경계 짓기는 인식론적 폭력이자 환상이다. 세계를 전지적으로 조감bird's eye perspective 할 수 있다는 인간의 나르시시즘은 허구일 뿐만 아니라 인식의 실패를 은폐하는 것이다. 바로 그 실패한 지점에서 괴상하고 낯설고 경이로운 예술/기술의 혼종의 가능성에 주목하고 타자의 초대에 응답-능력을 갖추는 것이야말로 '잔혹한' 미래의 약속이 될 수 있지 않을까? 바이러스와 더불어 살아야 하는 코로나 시절, 다시 한 번 인간에 관해 물어보고자 한다.

포스트휴먼 시대,
다시 인간을 묻는다 ————————

인간은 존엄하고 가치 있는 존재다. 이것은 더는 증명을 필요로 하지 않는 자명한 공리다. 정말 그런가? 근대 이후 모든 인간은 동등하고 그런 만큼 누구나 그 자체로 존엄하고 가치가 있다고 습관적으로 생각해왔다. 그런데 다시 묻는다면, 이 지상에서 왜 인간만 존엄하고 특별한가? 왜 인간이 지상의 유일한 척도여야 하는가? 왜 인간만이 지상의 모든 자원을 독식해야 하는가?

서구철학을 참고하여 답하자면, 비인간 동물들과 달리 인간에게는 이성이 있고, 언어와 도구를 사용하고, 직립보행하고, 의식이 있기 때문이다. 인간은 많은 것들을 '소유'하고 있으므로 비인간 동물들과 달리 특별하고 가치가 있다고 주장해왔다. 혹은 유발 하라리Yuval Harari처럼, 허구에 대한 믿음(이야기, 신화, 종교)이 인간의 독특한 능력이라고 주장하기도 한다. 이런 것들이 인간의 고유성이자 특이성이라 하더라도 그것이 인간만이 존엄하고 특별대우를 받아야 할 이유가 되는가? 이런 믿음이야말로 인간중심주의적인 나르시시즘은 아닐까?

인간이 지구 행성의 파멸을 자초한 전적인 책임자라고 비난하는 것 자체가 인간 중심적인 나르시시즘의 전도된 표현이다. 지상의 수많은 행위자와의 관계망 속에 놓인 인간을 이 모든 재앙에 책임이 있는 유일한 원인 제공자로 간주하기 때문이다. 그렇다면 '인간이란 무엇인가'라는 질문을 다시 해보지 않을 수 없다. 디지털 공간의 메타버스에서 다인격적이고 분열된 주체로 살고 있는 시대에 다시 인간은 무엇인가?

≪마음의 아이들: 로봇과 인공지능의 미래≫에서 포스트휴먼 시대를 예측한 한스 모라벡Hans Moravec은 생로병사에 시달리는 인간의 유한성에서 벗어나 영구적인 로보사피엔스 시대가 열릴 것이라고 말한다. 인류의 지적, 문화적 유산을 물려받은 '마음의 아이들'인 로보사피엔스가 호모사피엔스를 대체할 것이라고 한다. 조현의 단편소설 〈종이냅킨에 대한 우아한 철학〉에는 2133년 개최된 T.S 엘리엇 학술대회에서 한 휴머노이드 학자가 호모사피엔스들의 소멸 이유를 궁금해 하는 내용이 등장한다. 수많은 작가, 예술가, 과학자들이 인류의 소멸을 경고했음에도 가장 이성적이라고 주장했던 그들이 왜 자멸의 길로 접어들었을까? 그런 궁금증을 그는 엘리엇의 시와 삶을 분석하면서 밝혀보려고 애쓴다. 이미 인류의 지식, 예술, 문화의 상속자가 된 미래의 로보사피엔스들은 자신의 기원인 인간 부모들의 종말을 애도하면서 그로부터 무엇을 배울 것인지 연구하고 있다.

모라벡의 로보사피엔스들은 조현의 휴머노이드들처럼 인간 의식을 영구적인 AI 로봇에 접속해 불멸에 이르고자 한다. 플라톤이 영혼 불멸성을 언급한 이래로 육체의 한계로부터 벗어나는 것이 서구 철학의 오랜 소망이었다. 인간을 노예 상태로 구속하는 필연성에서부터 벗어나

자유의 영역으로 나가는 것이 인간의 해방기획이었다. 모라벡 식의 포스트휴먼 개념은 자유주의 휴머니즘을 극단까지 몰고 간 것이다. 육체에서 영혼의 뼈만 추려서 그것을 자율적인 주체라고 믿는 것이다. 그런 포스트휴먼은 육체를 제거하고 정신/의식으로만 남으려 한다는 점에서 일종의 거식증자다. 육체는 정신과 의지로 통제할 수 있다는 것이 자유주의 휴머니즘의 기본값이기 때문이다. 육체의 예속화와 정신의 특권화를 통해 정신이 육체를 완벽하게 통제하고 지배할 수 있다고 본다는 점에서 그것은 육신을 먹어 치움으로써 정신의 뼈로만 남고자 하는 거식증자의 욕망과 다르지 않다.

그런 기획은 통제할 수 없는 육신에서 벗어나 자유, 자율, 독립적인 행위자가 되려는 꿈과 다르지 않다. 이처럼 인간중심주의가 주장해온 가치는 독립성, 자율성, 주체성, 완전성, 일관성 등이다. 그것은 인간이 타자의 도움 없이 자율적으로 생존하면서 세계에 의미를 부여하는 역사의 주체라고 믿는 것이다. 여기서 자율적인 주체가 허구임을 지적한다고 하여 오래된 믿음이 사라지는 것은 아니다. 천동설이 아니라 지동설이 과학적 사실로 밝혀진 이후에도 사람들은 여전히 아침에 해는 동쪽 하늘에서 떠올라 저녁에 서쪽 바다로 진다고 습관적으로 믿는다. 자율적인 주체가 허구임을 우리가 진심으로 수용한다면, 그것이야말로 허구를 인정한 최고의 예술적 성취가 될 것이다.

포스트휴먼 시대 아무리 부정하려고 해도 온전한 '인간'의 경계는 무너져 내리고 있다. 인문학과 접속한 '신경과학'은 인간 중심적 휴머니즘을 과학의 이름으로 해체하고 있다. 최근의 신경과학은 이성이 모든 감정을 통제하는 우월한 정신기제라는 오래된 철학적 진리를 의심한다. 인간의 뇌는 뉴런의 연결과 신경회로 사이의 역동적인 관계 맺기 방식에 따라 다양한 스펙트럼을 가진다. 개인에 따라 신경회로 조율방식과 활성화 패턴은 차이가 있다. 뉴런과 뉴런 사이의 연결 회로를 통한 커뮤니케이션은 불확실하고 상황에 따라 제각각이다. 이렇게 되면 이성이 인간 행위를 확실하게 통제한다는 주장은 과학적 사실이라기보다 휴머니즘적인 신화에 불과해진다. 흥미로운 점은 그런 불확실성이 돌발적 상황과 우연성에 대처하는 데 유연하게 작동한다는 점이다. 신경과학에 의하면 뇌의 인지기능에 따라 설치된 이성은 반복된 학습 기회로 인해 정확성을 높이도록 모색하는 불완전한 정신적 기제다.[12]

나이젤 쓰리프트Nigel Thrift에 의하면 인간은 환경 속에서 삶을 영위하는 존재다. 인간은 세계의 일부이자 '환경 짓기'[13]를 하는 존재일 뿐이다. 인간은 이성의 통제에 온전히 종속되지 않는다는 점에서 코기토적 주체가 될 수 없다. 합리성이 아니라 감정과 상황에 따라 불확실성, 우연성에 좌우된다. 인간이 정신으로만 사유한다는 주장은 터무니없다. 내장에도 뇌가 있어서 우리는 몸(내부 장기)으로 반추하고 전달하고 반성하고 상호작용한다.[14] 이런 맥락에서 엘리자베스 윌슨Elizabeth Wilson은 중추신경계를 지배하는 뇌가 아니라 몸의 말단 변두리(발, 내장, 손, 항문)로부터 전달되는 '생물학적 무의식'에 근거하여 역동성, 취약성, 주변성에 관한 새로운 이야기에 주목한다.

인간의 자아 자체가 무엇보다도 신체자아bodily ego라고 한다면, 모라벡의 신체 없는 자아의 불멸성은 과연 인간의 유한성을 극복한 것인가?

탈신체화되어 기계와 접속된 인공적 의식이 과연 인간을 대신한 인류의 상속자인 '마음의 아이들'이라고 할 수 있는가? 신체적 자아와 사이보그화된 자아가 동일한 것이 아니라고 한다면 어떻게 되는가? 그럴 경우 여성, 남성, 트랜스/젠더/퀴어의 구별이 무슨 의미가 있을까? 서로의 찌꺼기가 남아 있거나 스며들어 있다면, 그처럼 경계가 혼용된 존재들의 정체성이 엄격하게 구별될 수 있는가? 터프(TERF, Trans-Exclusionary Radical Feminist)와 같은 현재의 논쟁들은 과학적 진화 앞에서 무의미한 에너지 낭비인가? 의식과 인식은 몸의 물질성과 신체적인 경험과 불가분의 것이라고 한다면, 뇌의 정보 패턴을 기계적 신체에 다운로드한 포스트휴먼은 어디까지 인간이라고 할 수 있는가? 꼬리에 꼬리를 물고 뒤따라 나오는 물음들이다.

우리는 어떻게
포스트휴먼이 되었는가? ——————

캐서린 헤일스Katherine Hayles의 저서 ≪우리는 어떻게 포스트휴먼이 되었는가?≫는 인간의 종언을 선언한 포스트휴먼 시대, 인간이란 과연 무엇인가를 다시 한 번 성찰하고 있다. 그가 말하는 포스트휴먼은 탄소 기반의 유기체 성분과 실리콘 기반의 전자 성분 사이를 오가면서 단백질과 실리콘이 하나의 시스템으로 작용하는 존재다. 헤일스가 말하는 포스트휴먼의 특징은 1)존재의 현존/부재가 아니라 정보/패턴을 중심으로 한다. 2)데카르트 이후에도 계속되는 이성, 의식을 가볍게 여긴다. 3)신체를 다른 인공기관으로 확장하고 보철화하여 대체한다. 4)테크노과학을 통해 인공지능과 기계가 합체된 존재다.[15] 해러웨이식으로 말하자면 포스트휴먼은 테크노 기술과 유기물의 합성으로서 인간/기계, 유기체/무기물, 자연/문화의 이분법적인 경계가 허물어진 사이보그적인 존재다.

사이버네틱스 전통에서 탈신체화를 옹호하는 포스트휴먼 과정의 경우, 인지과학자들은 항상성을 넘어 재귀성에 주목한다. 재귀성은 어떤 시스템을 만들기 위해 이용된 것이 그 시스템의 일부가 되는 것이다. 예를 들어 영화 〈매트릭스〉에서 레오는 자신이 행위 주체라고 생각하지만 그 자신 역시 배후의 기획대로 움직인 시스템의 일부이고, 그 배후의 행위자 또한 또 다른 기획자의 의도에 따라 움직인 것으로 드러나게 된다. 거울에 비친 '나'가 소실점까지 무한히 반복되는 것과 유사하게, 행위 주체라는 개념은 소급적으로 무한히 퇴행할 수 있다. 재귀성은 관찰 주체가 관찰대상과 객관적인 거리를 두고 관찰한다고 믿지만, 사실 관찰자는 관찰되는 시스템의 일부로 구성된다. 따라서 베이컨 류의 근대과학이 꿈꾸었던 것처럼, 실험을 주관하는 관찰자는 관찰대상과 분리된 우월한 지점에서 객관적 거리 유지를 할 수 없게 된다.

가상성에 이르면 현실과 가상의 경계는 흐려지면서 역전된다. 현실이 가상공간을 품는 것이 아니라 가상공간이 현실을 품게 된다. 현실은 컴퓨터의 가상 우주에서 실행되는 프로그램이 되어버린다. 물질, 에너지, 시공간 등 지상에 존재하는 모든 것을 정보 코드로 이해하게 되면, 온/오프가 현실의 기본단위가 된다. 이제 존재의 현존/부재의 이분법에서 탈물질화된 정보 패턴/임의성으로 나가게 된다. 데카르트처럼 단단한 토대에 정박하지 못한다는 점에서 정신분석학 이후 인간 주체는 '유랑하는 주체floating subject'였다면, 포스트휴먼 시대 인간 주체는 커서로 움직이는 '깜박이는 주체flicking subject'가 된다.

여기서 비유적으로, 문학의 신체에서 깜박이는 주체는 시점이다. 포스트휴먼 시대 문학의 시점 즉 포브 pov(point of view)에는 미묘한 변형이 초래된다. 포브는 단순한 약자 약호가 아니라 부재하는 문학적 신체가 스크린 위에 좌표로 표시되면서 깜박이는 가상적 실체가 된다. 문학의 신체는 물질적인 껍질을 버리고 스크린 안으로 들어가 포브가 되어 움직인다. 포브가 사라지면 등장인물도 사라진다. 포브는 공간에 위치하지만 동시에 시간 속에 존재한다. 데이터는 인간화되고 주체성은 컴퓨터화되어 둘의 공생적 결합이 가능해지고 그 결과로 새로운 이야기가 탄생한다.

≪신체화된 정신The Embodied Mind≫에서 바렐라Francisco Varela는 안정적이고 항상적인 자아는 존재하지 않으며, 프로그램을 운영하는 포브 같은 **자동적** 작인agent만이 존재한다고 주장한다. 단단한 자아에 토대한 코기토와 비교하자면, 포스트휴먼의 자동적인 작인 개념은 인간의 나르시시즘을 붕괴시킨 반인간 선언이다. 포스트휴먼 자아는 정보 패턴에 따라 자동으로 작동하는 운영체계에 지나지 않는다. 인간은 영화 〈그녀Her〉에서 대필작가인 테오도르가 아니라 운영체계인 아만다가 되어버린다. 운영체계로서 아만다의 정보 패턴 소화 능력은 인간을 초고속으로 능가한다. 인간은 윤리적인 판단에서부터 모든 것을 그녀에게 양도하게 된다. 인간이 기계를 지배하는 것이 아니라 역으로 운영체계가 인간을 종속시킨다. 주체는 시스템의 일부일 뿐이고, 배후에 그를 움직이는 또 다른 작인이 있다면 주체의 자율성은 공허한 신화에 불과해진다.

하지만 인간은 몸을 지울 수 없고 몸의 복잡성은 사이버네틱스 기계에 신체화된 지능과는 대단히 다른 방식으로 전개된다. 진화생물학의 입장에서 보자면 신체는 수백만 년 동안 퇴적된 이야기의 집합체이므로, 앞으로 어떤 이야기를 지어낼지 알 수 없다. 그래서 도나 해러웨이, 샌드라 하딩Sandra Harding, 에벌린 폭스 켈러Evelyn Fox Keller, 캐럴린 머천드Carolyn Merchant와 같은 페미니스트 이론가들은 인간 남성의 지배욕(자율적이고 자유의지를 가진 독립적인 자아)을 비판하면서, 자연을 다스리는 제국주의적인 기획과는 다르게 포스트휴먼이 설명되어야 한다고 주장한다. 인간의 창의성이 목적론을 대신하고, 정신에 종속된 신체의 기능을 복원하고, 자율적인 의지 대신 **분산 인지**distributed cognition' 혹은 '상황적 인지'에 의지함으로써, 인간과 기계의 제휴가 지상의 자원을 채굴하는 휴머니즘적인 주체를 대체하도록 해야 한다는 것이다.

그렇다면 페미니스트 과학자들이 염두에 둔 '상황적 인지'란 어떤 것일까? 주체가 환경과 상황과의 상호관계 속에서 인지하는 것이다. 주변 환경은 인간 주체보다 더 많은 것을 알고 있다. 분산 인지는 인류의 집적된 지식문화와 역사적 기록이 각인된 주변 환경과 더불어 상호작용하는 것이다. 현대인이 무수한 전자 기계 시스템을 작동시키는 것(자동차, 컴퓨터, 전자 버튼 장치)은 과거의 인간들보다 '나'가 더 똑똑해져서가 아니라 똑똑한 주변 환경 생태계가 설계되었기 때문이다. 그러므로 환경을 지배하고 제어하기 위해서 반드시 필요한 지배력은 더는 인간의 마음과 의지에서 나오는 것이 아니다. 그와는 반대로 인간 주체의 인지 작용은 상황 속에서 전개되는 분산 인지 시스템과의 관계 속에서 가능해진다. 그러므로 인간의 사고는 인간 및 수많은 비인간 행위자들에 의해서 수행된다.

포스트휴먼은 기존의 인간 이성 중심주의에 바탕을 둔 존재론적, 인식론적인 윤리적 자아와는 다분히 차이를 보인다. 신경 체계가 인지한 뇌의 기능은 타인과의 관계에서 구성되는 관계적 맥락에 따라 복잡하고 다양하게 결합되고 유지되는 불확실하고 불확정적인 것으로 이해된다. 이런 맥락에서 파악하자면, 인간의 세계 짓기가 가진 취약성, 불확실성, 우연성, 상호의존성, 다공성에 바탕을 두어 인간은 재해석되어야 한다.

인간의 취약성에 바탕을 둘 때 인간이 타자와 맺는 상호의존성을 굴욕적이더라도 **겸손**하게 수용할 수 있게 된다. 인간이 만물의 척도이기는커녕 타자와의 관계 속에서 출현하는 존재라는 사실은 아무리 강조하더라도 지나치지 않을 것이다.

다시 돌봄을
생각하다 —————————

코로나 시절 다시 돌봄을 생각한다는 것은 인간의 취약성을 생각하기 위함이다. 지상의 모든 존재는 공존, 공감, 공명하면서 살아가는 관계의 집적물로서 서로를 구성하면서 살아간다. 취약한 존재들은 서로에게 의지하지 않을 수 없고, 특히 코로나 팬데믹 시절, 다시 돌봄으로 발상의 전환이 절실하다. 하지만 소비시장 자본주의에서 돌봄의 가치는 역설적이다. 돌봄이 없으면 존재들의 삶 자체가 불가능하므로 돌봄은 생존에 필수적이다. 생존에 필수적인 가장 소중하고 고귀한 노동이지만, 바로 그렇기 때문에 그것은 가장 값싼 노동으로 간주된다. 돌봄은 무한한 가치가 있으므로 무가치해지는 역설과 마주하게 된다.

각자도생의 신자유주의 시대에 코로나 '덕분'에 예민하게 다가온 사실은 우리 모두가 글로벌하게 상호의존하고 있다는 점이었다. 코로나로 국경이 봉쇄되자 캄보디아, 베트남 이주여성 노동자들이 한국으로 입국하지 못하게 되었다. 농촌은 당장 일손을 구할 수 없게 되었다. 한국농산물 수확의 70퍼센트를 담당하고 있는 이주여성 노동자들의 일손이 묶이자 식탁 위의 야채 값이 뛰었다. 한국의 젊은이들은 더는 농촌에서 힘든 노동을 하려 들지 않는다. 한국 노동자들이 기피하는 일자리를 기꺼이 떠맡는 사람들이 이주노동자들이다. 그들은 농촌의 일자리를 두고 한국인들과 경쟁하지 않는다. 그들이 한국인의 일자리를 빼앗아간다는 주장은 억지다. 한국인들이 그들의 노동에 의존하고 있음이 확실해진다. 코로나 시절 비확진자들의 상대적으로 자유로운 일상은 확진자들의 자기격리뿐만 아니라 간호사, 교사, 택배 노동자, 환경미화원 등의 돌봄 제공자들에게 의존하기 때문에 가능하다.

인간의 본질은 자유라는 서구철학적 관점에서 보자면, 인간의 취약성으로 인한 상호의존성에서 벗어나는 것이 곧 자유인 셈이다. 생존의 필연성으로 인해 반복적인 노예노동(의식주 해결의 문제와 같이)에서 벗어나는 것이 해방된 정신이 누릴 수 있는 자유다. 자유로운 주체라는 환상은 자신이 타자에게 신세 진 바가 없고, 따라서 타자의 돌봄으로부터 자유롭다는 믿음에서 비롯된다. 그런 관점에서 볼 때 필연적 노동으로서 돌봄은 자율성을 주장하는 사람들에게는 치욕스럽고 감추고 싶은 결함이 된다. 생존 노동으로부터 벗어나고 싶은 남성 인간들은 돌봄 노동을 사회적 약자인 여성, 노예들에게 맡기고 그런 물질적 토대 위에서 불멸의 진리 추구에 몰입한다. 그들은 정신적인 것을 육체적, 물질적인 것에 비해 우월한 것으로 위계화하고, 돌봄 제공은 생존에 필수적이므로 가장 하찮은 것으로 자신의 존재론적 환경을 전도시킨다.

2017년 경향신문은 신년기획으로 '맘고리즘' 시리즈를 4회에 걸쳐 실었다. 21세기에도 여자의 인생은 돌봄에서 시작하여 돌봄으로 끝난다. 진화심리학에서 말하는 할머니 가설처럼 여성은 젊은 시절 직장생활을 하다가 임신, 출산, 양육 때문에 직장과 가사를 병립하기 힘들어진다. 결국 '경단녀'가 되고 아이를 키우는 데 주력하게 된다. 어느덧 장성한 자식들이 품을 떠나게 되면 빈 둥지 증후군에 시달릴 겨를도 없다. 노후를 나름 즐기려고 하는데, 진화심리학이 말하는 할머니 가설을 입증하는 것처럼, 자식의 자식을 돌보는 것이 저물녘 노인 여성의 역할이 되어버린다. 여성의 역할이 생식에 있다고 한다면, 완경과 더불어 여성은 생을 마감하는 것이 '자연의 순리'다. 모천으로 회귀한 연어가 알을 낳고 죽은 것처럼. 그런데 평균수명이 백세로 연장된 지금, 여성은 완경 이후에도 50년은 더 살아남는다. 그렇다면 남은 생애 동안 늙은 여성의 역할은 무엇인가? 공동체 안에서 돌보는 역할을 하는 것이 그들의 존재 이유다. 남성의 존재 이유가 후손을 남기는 것에 있다면 후손을 끝까지 책임지고 보살피는 것은 여성의 몫으로 주어진다. 한국 사회에서 여성의 생애사는 어떤 값을 넣어도 돌봄의 회로를 반복한다는 것이 소위 맘고리즘이다.

여성주의적인 돌봄은 돌봄 자체를 한 사회의 기본값으로 설정하는 것이다. 자본주의 사회에서 모든 사람의 기본가는 누구든지 생계 부양 임노동자가 되는 것이다. 그에 반해 여성주의적 돌봄에서 모든 사람의 기본가는 누구든지 돌봄 제공자가 되는 것이다. 그것은 혈연가족, 생물학적 자녀를 돌보는 것을 넘어서는 것이다. 돌봄이라고 하면 당장 사회적 약자로서 여성에게 맡겨진 역할로 비판하게 된다. 하지만 여성주의적 돌봄은 여성에게 전가된 무보수 가사노동의 하나로서 돌봄 노동'만'을 의미하는 것이 아니다. 역사적으로 돌봄은 '여성성', 모성과 연관되어 평가절하되었다. 생산/재생산의 핵심이면서도 그것은 보이지 않는 영도의 노동이었다. 남성이 공적 공간에서 임노동을 하는 생계부양자 역할에 배치된다면, 여성은 사랑으로 가족을 돌보는 사적 공간에 배치된다. 생산이 아니라 재생산으로 간주된 여성의 돌봄 노동은 '공기와 물처럼 공짜로 사용할 수 있는 자원이 되어버린다.'[16] 여성억압이 돌봄 노동에서 비롯된다고 보는 페미니즘은 그것에 대해 대단히 비판적이고 심지어 적대적이었다. 슐라미스 파이어스톤 같은 급진적 페미니스트는 여성해방은 가족해체로 인해 가능할 것으로 보았다. 여성의 돌봄 노동이 여성의 예속화에 공모해온 역사가 있기 때문이다.

그와 달리 낸시 폴브레Nancy Folbre는 ≪보이지 않는 가슴≫에서 신자유주의 시장경제가 파괴한 시민사회의 공동체 영역을 재강화하려면 다시 돌봄에 기초해야 한다고 역설한다. 시장경제의 '보이지 않는 손' 대신 공동체적인 돌봄의 '보이지 않는 가슴'으로 나가야 한다는 것이다. 보편적 돌봄 제공은 사회의 기본값을 돌봄 제공에 두자는 것이다. 그것은 한 사회의 최고의 가치를 노동하는 주체로서 생계부양자에게 두는 것이 아니라 돌봄 제공자에게 두는 것이다. 보편적 돌봄 제공자 모델은 페미니스트 관점으로 패러다임의 전환을 요청한다. 글로벌 팬데믹 시절, 사랑, 의무, 호혜에 바탕을 둔 돌봄 제공이야말로 여성주의적인 기획의 하나라고 볼 수 있다.

공사의 경계를 허물고 사회의 매트릭스가 보편적 돌봄 제공자를 기준으로 할 때, 경단녀(경력단절여성)는 경보녀(경력보유여성)로 전환된다. 소비 자본주의적 일상이 한순간 중지될 수 있음을 보여준 것이 코로나 팬데믹이다. 그것은 한 사회의 기본적 가치가 결국은 인간의 취약성과 그에 바탕을 둔 상호의존성이라는 점을 역설한 셈이다. 코로나 팬데믹 패닉 비상사태에서 돌봄에 바탕을 두는 간호사, 교사, 의사, 택배기사, 요양보호사, 쓰레기 수거노동자 등, 타인의 생존이 가능하도록 해주는 돌봄이 얼마나 소중한 것인지를 인정하지 않을 수 없다.

페미니즘이라고 하여 하나의 거대서사로 온갖 차별적인 문제를 해결할 수는 없다. 포스트휴먼시대, 독립성, 자율성, 생산성에 바탕을 둔 인간 중심주의가 아니라 인간의 취약성, 세계의 상호의존성에 기초할 때 그나마 혐오, 차별, 위계화에 따른 윤리적 폭력이 줄어들 것이라고 설득하고자 한다. 특히 취약성, 의존성을 질병처럼 혐오하는 것은 역사적으로 자율성과 독립성은 남성성으로, 의존성과 수동성은 여성성으로 성별을 배치해왔기 때문이다. 외부의 힘에 통제당하지 않고 자신을 스스로 통제할 수 있는 남성의 자율성과 독립심이 남성성의 상징이라면 부드러움, 돌봄과 의존은 가정의 영역이자 여성성으로 간주된다. 남자들은 헤게모니 남성성을 보여주어야 한다는 강박이 있고, 그것이 손상되었다고 생각될 때, 공격적이고 폭력적으로 돌변할 수 있다. 남성성은 취약함, 연약함, 연민, 슬픔과 같은 여성적인 것으로 연상되는 것을 멀리해야 한다고 교육받아왔기 때문이다. 하지만 코로나 시절 보살핌의 가치가 확인되고 보편적 돌봄이 한 사회의 기본설정가로 될 때 괜찮은 사회가 될 것이라는 각성이 다시 귀환하고 있다. 코로나 시절은 아이러니하게도 인간이 어떤 존재인지를 다시금 성찰하도록 해준다. 끝 간 데 없는 시장경제 이익 추구의 회로를 맴돌면서 살벌한 각자도생을 도모할 것이 아니라 공동체적 삶의 가치를 재배치하는 것이 필요하다. 사회적 인프

라를 돌봄 가치 중심으로 재배치함으로써 혐오, 무관심, 둔감함으로부터 벗어날 수 있을 것이기 때문이다. 옥스팜OXFAM의 ≪돌보는 시간*Time to care*≫ 보고서에서 말하듯 '모든 억만장자는 정책 실패의 증거'[17]다. 그들은 마치 SF의 상상력을 현실화하는 것처럼 지구 행성을 쓰레기더미로 만들어놓고 자신들의 이익만 채굴해가고 있는 악당들이다.

페미니즘의 패러다임으로서 돌봄은 괴상하고 난잡한 친족 만들기(젠더퀴어/생태/페미니즘/지구 행성)다. 괴상하고 난잡한 친족은 생물학적 혈연이나 가족에 국한되지 않고 우리가 생존을 위해 의존하는 땅, 물, 비인간 동물들로까지 확장된다.[18] 인간과 비인간 동물, 숲, 땅, 강, 바다와 적절한 관계 맺기가 돌봄의 중심이 되어야 한다. 그러한 관계는 가장 가까운 친족부터 멀리 우주적인 규모에 이르기까지 돌봄 정치를 발전시키는 데 기초가 된다.

그래서 ≪돌봄선언≫은 **난잡한 돌봄의 윤리**를 주장한다. 난잡한 돌봄의 윤리는 1980-1990년대 에이즈 인권 활동단체인 액트 업ACT UP의 활동가 더글러스 크림프Douglas Crimp가 제안한 개념이기도 하다.[19] 난잡한 관계 맺기와 난잡한 돌봄은 건강하고 정상적인 혈연관계에서 탈락하고 배제된 존재들을 포함하여 지상의 온갖 존재들과 맺는 상호의존성에 바탕을 둔 돌봄 실천을 의미한다. 그것은 단지 생물학적인 아이만을 미래의 약속으로 삼는 것이 아니라 지상의 모든 종이 공진화하면서 더불어 살아갈 수 있도록 배려하는 것이다. 그런 돌봄이 미래의 약속이 되지 않을까 한다.

2장

감염병,
혐오의 정치,
타자의 발명

Home is where the Hatred is...

-Gil Scott-Heron

'악의 평범성'은 유대인 10만 명을 '최종해결'한 아이히만의 재판을 보면서 한나 아렌트가 한 말이다. 유대인 10만 명을 가스실로 보내다니! 분명 인간이 아니라 뿔 달린 괴물이거나 광기에 사로잡힌 인물일 것이라고 아우슈비츠 생존자들은 믿고 싶어 했다. 그런데 정신과 의사 12명이 상담한 결과 아이히만은 그를 진단한 정신과 의사들보다도 더 제정신이자 '정상'이라는 진단이 나왔다. 그는 아내에게 따뜻하고 자녀들에게 다정했다. 이웃에게 친절하고 법을 엄격하게 준수하고 명령에 복종하는 '모범' 시민이었다. 괴물이라면 한눈에 알아볼 수 있지만, 이렇게 평범한 얼굴을 한 괴물이라면, 평범한 시민으로 살고 있는 나에게도 언제든지, 얼마든지, 악마의 얼굴이 나타날 수 있다는 공포감이 들지 않을 수 없다. 혐오 또한 괴물 같은 인간들이 하는 짓은 아니다. 느닷없이 나타날 수 있는 혐오의 얼굴은 누구에게나 있다. 그런 현상을 악의 평범성에 빗대어 혐오의 평범성이라고 일컫고자 한다.

한국 사회에서 혐오는 감염병처럼 전이되고 있다. 여성 혐오, 동성애 혐오, 트랜스젠더 혐오, 장애인 혐오, 전라도 혐오, 세월호 혐오, 5.18 혐오, 노인 혐오, 이주민 혐오, 확진자 혐오 등. 혐오의 목록은 거의 무한대다. 혐오의 감정은 원초적이고 어느 사회, 어느 시대든 있었다지만, 한국 사회에서 지금처럼 남녀 사이에 혐오가 극한으로 치달으면서 가시화된 것은 최근의 일이다. 혐오의 정동은 SNS라는 미디어의 속성상 빛의 속도로 전파되면서 집단적인 결속의 시멘트 역할을 한다. 그런 디지털 미디어 시대, 혐오의 정치적 전이의 특성에 먼저 주목해보고자 한다.

디지털 정보'감염'의 시대, 혐오의 정치

최근 들어 온갖 혐오 발화들이 한국 사회를 점령한 것처럼 보인다. 온라인에서 들끓었던 혐오 발화는 오프라인에서도 여과 없이 터져 나온다. 분단 이후 우익, 군사 정권은 혐오 프레임으로 표적 집단target group을 정치적으로 배치해왔다. 극우 혐오 정치의 잔재를 이어받은 일베 사이트는 좌익-빨갱이-전라도 혐오를 여성 혐오로 수렴시킴으로써 집단적 정체성 형성에 '성공'했다. '한겨레, 한민족' 순혈주의 신화가 지배하는 한국 사회에 도착한 예멘 난민들은 우리 사회의 이민족, 무슬림 난민, 외계인 혐오를 가시화시켰다. 20주년이 되는 퀴어 축제에는 수만 명이 모여들었지만, 동성애 차별금지에 반대하는 기독교 단체들의 맞불 집회 또한 혐오로 대동단결했다. 젊은 세대는 노인 세대를, 남성은 여성을, 기독교도는 성적 소수자를, 정치적 우파는 좌파를, 비장애인은 장애인을, 이성애자는 퀴어를, 터프(TERF)는 트랜스(MTF)를 혐오한다. 여성, 장애인, 노인, 성적 소수자, 난민과 같은 사회적 약자에 대한 혐오 발언은 해를 거듭하면서 강도를 더해가는 것처럼 보인다. 2021년에는 여기에 확진자 혐오를 더 추가한다. 혐오 발화는 계층, 민족, 젠더, 종교,

지역, 나이, 성별 정체성, 성적 지향성 등에 따라서 서로를 타자화한다.

다양한 혐오 표현 중에서도 2015년 이후 일베의 여성 혐오는 디지털 환경으로 인해 광속으로 전염되면서 '한남' 정서의 디폴트가 되었다. 이제 페미니스트로 정체화하는 여성들은 혐오의 대상에서 나아가 한국사회의 '주적'이 되었다.[20] 일베의 여성혐오는 메갈리안/워마드의 미러링을 촉발했다.[21] 2015년 사막의 낙타에 기생한 메르스 바이러스가 한국에 전이되었다. 메르스 바이러스 감염으로 단기간에 서른여덟 명이 사망에 이르렀다. 그러자 남초 사이트에서 여성 혐오가 쏟아져 나왔다. 여자들이 집안 살림은 하지 않고 남편들이 등골 휘게 벌어다 준 돈으로 중동의 사막으로 여행을 갔다가 묻혀온 감염병이라고 비난했다. 하지만 최초 확진자가 여성이 아니라 남성으로 밝혀지자 남초 사이트들은 일순간 조용해졌다. 이 사건을 계기로 여성들이 남성의 혐오발화를 그대로 되돌려주는 미러링이 시작되었다. 메르스 사태로 인해 디시인사이드 메르스 갤러리에 모여 여혐에 대해 '남혐'으로 되받아치는 여성집단이 출현했다. 이후 이들은 '이갈리아의 딸들'의 의미가 중첩된 메갈리아(메르스+갤러리)라는 이름으로 알려졌다. 디지털 환경에서 여성혐오는 메르스 감염병처럼 전파되고 전이되었다.

메갈리안들은 남성들과 똑같은 '드립'으로 일베의 여성혐오에 맞섰다. 메갈리안들의 신조어 능력은 탁월하다. '유좆무죄, 무좆유죄, 자트릭스, 보토피아' 등과 같이 순전히 생물학적인 비유로 현재의 성차별적 질서를 조롱하고 혐오한다. 그들은 비루해진 남성들에게 위안과 자부심을 젠더감정 대출은행에서 인출해주지 않는다. 언제나 보편인간으로 행세

했던 남성들은 메갈리안들의 남성공간 난입으로 보편 인간에서 남성으로 젠더화되고, 성적 대상화라는 모멸을 경험하는 거의 첫 세대가 되었다. 이들 세대는 서로가 서로의 욕망을 투사하는 거울이므로, 서로를 혐오하고 두려워한다.

페미니스트들이 줄곧 성 평등을 외쳤음에도 여성 혐오를 넘어 여성이 주적으로 진화한 이유는 무엇일까? 여성 혐오와 여타의 혐오가 성격을 달리하는 지점이 있다면 그것은 무엇인가? 혐오는 코로나 변이체들처럼 상황에 따라 다른 얼굴로 귀환하면서 변형되고 있는가? 혐오 자체에 윤리적 가치가 실려 있는 것이 아니라면, 혐오의 정치화를 통해 한국 사회가 얻고자 하는 것은 무엇인가? 혐오가 '반사회적 감정의 사회화'에 바탕하고 있다는 점에서 단지 개인들의 젠더 감수성의 문제로 치부할 수 있는가? 그것이 특정한 세대의 남성/여성의 문제인가? 특히 한국사회의 혐오 정동에서 여성과 남성이 대리전을 치르고 있는 것처럼 보이는 이유는 무엇인가? 디지털 미디어는 혐오의 젠더 전쟁에 어떤 영향을 미쳤는가?

◇ **혐오는 생산성을 가진다**

한마디로 혐오는 수지맞는 비즈니스다. 아이러니하게도 여성 혐오로 인해 페미니즘 출판시장이 붐을 이뤘다. 2015년 이후 수백 종의 페미니즘 서적이 출판됨으로써, 출판시장에서 여성들의 힘이 가시화되었다. '여자와 책은 눕혀야 한다'는 출판계의 외설적인 속설처럼 페미니즘 부스가 새롭게 생기게 되었고 남성들의 불매 위협에도 출판시장은 수익을 위해 여성의 편에 서지 않을 수 없었다. 이처럼 혐오 발화는 자본시장에서의 생산성을 갖는다.

주목경제의 시대에는 무플보다 악플이 낫다고 여겨진다. 주목받는 것이 자본으로 환산되는 시대이기 때문이다. 무관심보다는 혐오 발언이라도 해주는 것이 잊히지 않는 방법이다. 주목경제시대 혐오는 일종의 노이즈 마케팅이 되고 있다. 전 세계가 빛의 속도로 소통할수록 시각 매체의 프레임 안으로 들어오지 않는 현실은 존재하지 않는 것이 되어버린다. 프레임 안으로 들어온 현실조차, 넘쳐나는 정보 속에서 대부분 묻혀버리기 십상이다. 정보가 넘쳐나는 시대이므로 사람이든 물건이든 결사적으로 주목받고자 한다. 주목경제attention economy는 인간의 관심과 주목이 가치를 창출한다는 것을 전제로 한다. 관심 자체가 하나의 상품이자 자본이 된다. 그 때문에 어떤 방식으로든 주목받지 못하면 비존재로 취급된다. 주목받기 위해 혐오 발언의 강도가 높아지고 그로 인해 주목받는다면 그것으로 목적은 달성한 셈이 된다.

◇ 혐오 발언은 재미있는 놀이다

탈진리post-truth의 시대 주목만 받을 수 있다면 진위는 그다지 상관하지 않는다. 관심만 끌 수 있다면 무슨 말이든 일단 내뱉는다. 그러다가 아니면 말고 하면서 뱉은 말에 책임지지 않는 시대가 되어버린다. 디지털 미디어 시대는 모든 것이 속도전이므로 팩트인지 아닌지를 성찰할 만한 시간이 없다. 정보의 홍수 속에서 소비되고 말 뿐이므로 실시간 검색에 올라 주목받는 것이 오로지 관건이다. 이런 시대 공감 따위는 남의 나라 이야기다. 서울여대 에타EVERYTIME에 한 여학생이 우울증으로 죽고 싶다는 이야기를 올렸다. 우울증을 토로하는 동료 학생에게 다른 학생들은 위로와 공감이 아니라 조롱과 혐오를 내뱉었다. '이런 애들이 죽지도 않는다니까, 죽고 싶으면 죽어'라는 식의 악플들이 쏟아졌고, 그 학생은 '주술에 걸린 듯' 자살했다. 그들은 자신이 내뱉은 혐오 발화가 문자 그대로의 의미가 아니라, 재미삼아 하는 일종의 게임이라고 강변한다.

◇ 혐오는 집단적 소속감을 준다

일베 사이트는 혐오 문화의 진원지 역할을 했다. 병맛, 루저로 평등하다고 스스로 자조하는 남자들이 모여 혐오 발화에 격하게 반응하는 곳이 일베와 같은 남초사이트들이었다. 그곳은 자신과 같은 생각을 가진 사람들과 서로를 인정하고 확인하고 강화하는 공간이 된다. 여성 혐오는 남성끼리 뭉치게 하는 시멘트 구실을 한다. 그곳에서는 글 하나 올리면 수많은 '좋아요'가 붙고, 바닥 친 자존심이 되살아난다. 남성연대를 통해서 그들은 '안전한' 공간에서 우월감을 맛본다. 혐오 발언은 그들끼리의 소속감과 연대감을 주게 된다.

◇ 혐오 발화는 자신을 대단한 인물로 여기게 해준다

자신의 말 한마디에 자살하는 사람을 보면서 그들은 자기 말의 위력에 만족한다. 그로 인해 자신을 대단한 존재로 여기게 된다. 자기 존재감을 느끼지 못한 사람들은 자신의 존재감을 맛보게 된다. 이처럼 혐오는 별 볼 일 없는 자신이 갑자기 대단한 인물이라고 착각하도록 한다. 나의 말 한마디가 사람을 살리고 죽일 수 있다면 그것은 자신의 전능성을 확인하는 한 방식이기도 하다. 그것은 소외감, 섭섭함, 무력감을 가려준다. 정년퇴직한 교수가 태극기 집회에서 소리치고 있는 것은 사회적으로 자기 역할이 없어졌다는 데서 오는 소외감과 자괴감 때문이었을 것이다. 극우 집회는 이런 감정들을 외부로 투사할 기회가 된다. 타자를 욕하고 비난함으로써 자기 존재감을 확인하고 사회적으로 여전히 영향력을 미칠 수 있다고 생각하기도 한다. 어쩌면 그런 '혐오'의 감정이 극우 집회의 동력이 된다. 온라인 남초 커뮤니티 '일베'의 경우, 그들의 극우적 게시물이나 혐오 퍼포먼스는 선동적이고 선정적인 언론에 의해 종종 이슈화가 된다. 그런 이슈화는 그들을 뭉치게 하는 시멘트 역할을 해준다. 이슈화가 되었다는 것만으로 그들의 주장이 사회적으로 인정받았다고 믿고 싶어한다. 관심경제시대 일베식 '관종'들은 비판여론마저도 부정적인 인정의 한 형태로 받아들인다. 무관심과 침묵보다는 들끓는 비판이 오히려 그들의 영향력을 인정해주는 셈이 된다. 자존감이 낮을수록 타인의 인정을 갈망한다.

◇ 젠더 감수성의 부족이 혐오를 불러일으킨다

한국의 남성들은 여성의 입장에 자신을 세워볼 기회가 거의 없었다. 여성들에게는 공감을 요구하면서도 남성에게는 공감 능력을 억압하라고 가르치는 가부장적 사회에서 성장한 남성들은 여성들이 느끼는 공포에 공감하기 힘들다. 남성들은 밤길을 걸으면서 살해의 위협을 느끼거나 창문으로 기웃거리는 시선에 여성들처럼 공포심을 느끼는 적은 드물다. 영화 〈도어락〉에서 원룸에 혼자 사는 경민은 누군가가 도어락을 열려고 한 흔적을 보고 경찰에 신고한다. 경찰은 그녀의 공포에 공감은커녕 그녀를 귀찮게 여긴다. 혼자 사는 여성들은 제도적인 안전장치가 절실함에도, 그런 제도로부터 보호받기 힘들다. 법 제도 자체가 남성편향적인 젠더 무의식이 각인되어 있기 때문이다. 젠더 감수성의 결핍은 남성 개개인의 문제라기보다 정치, 경제, 교육, 직업, 종교, 시민권 등 사회구조적으로 모든 영역에서 조직적으로 여성을 무시하고 혐오하는 남성중심 문화에서 비롯된다.

한국 사회의 치열한 경쟁 시스템에서 살아남으려면 죽을힘을 다해야 한다. 공정한 경쟁을 통해 남보다 뛰어나다는 점을 보여주는 것은 누구에게나 손쉬운 것이 아니다. 삶은 누구에게나 만만하지 않다. 그러다 보니 자신의 우월감을 유지하는 가장 손쉬운 방법은 타인을 열등하다고 무시하는 것이다. 인구의 절반인 여성들이 남성들보다 열등하므로 무시할만한 존재라고 한다면, 남성은 단지 남성이라는 이유만으로 여성보다 우월해진다. 남성'만' 대접받아야 한다는 가부장적 문화에서 자란 남성들은 남자라는 사실만으로 존중까지는 아니더라도 적어도 여자들에게 무시당하지는 말아야 한다는 생각에 젖어있다. 저 여자가 날 무시하는 눈길로 쳐다봐서 폭행했다는 변명이 아직까지 통용된다는 점에서 한국 사회는 여전히 전근대적인 가부장적 사회다.

뉴노멀의 시대, 납작한 공정성

지금 청년 세대는 '평범한 생애 서사'마저 누리기 힘든 무한 포기 세대라고 자조한다. 우에노 치즈코가 말하듯 '자기 여자를 소유하는 것에서 남성의 주체되기'와 남성성을 확인받는다고 한다면, 20대 N포 세대의 남성 주체되기는 요원해 보인다. 최태섭의 지적처럼 그동안 '신체 건강한 평범한 남자'라면 남성의 성욕은 충족되어야 하는 것이 당연한 권리라고 간주되어왔다.[22] 청년 세대는 남자라면 마치 당연히 누려야 할 것들을 '포기'했다고 자조한다면, 젊은 여성들은 자기 몸의 '수탈'에 대항하겠다고 선언한다. 남성의 소유물이 되기를 거부하는(4비: 비연애, 비섹스, 비혼, 비출산) 선언이 증가함에 따라, 그에 비례하여 남성 주체되기에 곤경을 경험하는 남성들의 여성 혐오 또한 확산되고 있다. '병림픽'으로 평등해진 비루한 자기 모습에 좌절한 남성들은 가까이 있는 여성들을 혐오하는 것에서 남성성을 회복하고자 한다. 이렇게 본다면 일베의 여성 혐오는 개인 차원의 혐오를 넘어 신자유주의 시대 '존버하는' 젊은 남성들의 좌절과 불안이 전이된 것으로 분석될 수 있다. 혐오 자체가 신자유주의 시대의 감정 경제로 작동하고 있는 셈이다.

2008년 세계 금융위기 이후 3저 현상(저성장, 저소득, 저수익)은 새로운 정상new-normal으로 굳어지고 있다. 한국의 경제성장률은 2퍼센트대에 머물고 있다. 지금의 젊은 세대는 더 많은 교육과 투자에도 불구하고 부모 세대보다 못사는 첫 세대가 될 것이라고 한다. 삶의 절벽으로 내몰린 사람들은 최소의 수입으로 살아가며 삶의 욕망을 최소화함으로써 행복해지고자 한다. 소확행은 비정규직, 저임금 시대 최대의 '가심비'까지 얻으려는 감정 경제적 전략이다. 삶의 하향조정 자체가 정상적인 시대다. 그런 시대에 사회는 사라지고 사회적 의식의 하향조정화가 '정상적인' 것으로 기능한다.

4차 산업시대 기술혁신으로 인한 정규직 일자리는 놀라운 속도로 줄어들고 있다. 모든 것을 돈으로 해결해야 하는 시대에 일자리를 상실하는 것에 대한 공포, 남들보다 뒤처지면 어떡하느냐는 불안이 젊은 세대를 살벌한 경쟁 사회로 내몰게 된다. 시장경쟁 사회에서 도태되지 않으려는 결사적인 자기 계발은 유연성, 적응성, 창의성으로 칭송된다. 여기서 우리는 자본주의 사회에서 초래되는 불만(잠재적인 사회적 갈등과 정치적인 반목)이 잔혹한 임금체계 속으로 재흡수되어 1인 사업자이자 기업형 주체로 어떻게 재형상화 되는지를 보게 된다. 사회가 사라진 각자도생의 시대에 사회정의를 위해 투쟁한다는 것은 어불성설이다. 임금투쟁을 위한 파업이나 시민사회를 위한 저항에 앞장서다 손해 보거나 희생하는 짓은 오히려 위선적인 것으로 간주된다. 수단과 방법을 가리지 않고 경쟁 사회에서 존버하라는 것이 지상명령이 되고 있다.

타자의 발명과
비체화되는 존재들 ——————

혐오는 타자와 경계 짓기를 원한다. 아이러니하게도 혐오는 접촉과 격리의 이중적인 운동으로 드러난다. 가까이 접촉하면 '나'가 '너'처럼 될 지도 모른다는 무의식적인 공포는 격리와 거리 유지를 요구한다. 깨끗한 면역 주체가 되고픈 주체의 욕망은 이물질, 기생충, 혼혈, 혼종처럼 경계를 넘나드는 것을 역겨워한다. 자신과 표적 집단과의 구별 짓기를 통해 혐오 표현은 타자를 발명한다. 맘충, 똥꼬충, 정시충, 진지충, 선비충, 사배충, 문과충 등. 집단들 사이에 세분화된 구별 짓기는 타자를 역겨운 벌레로 상상한다. 타자를 기생충으로 대하는 세계에서 온갖 이질적인 집단들은 자신의 집단적 정체성을 강화하기 위한 혐오 배틀을 놀이문화로 즐기는 것처럼 보인다. 나와 너의 경계 짓기를 통해 혐오는 타자를 발명한다. 비장애인은 장애인 혐오를 통해 자신의 정상성, 건강성을 확인한다. 순혈의 욕망은 이민족을 기생충으로 만들어 축출함으로써 자신의 혈통을 보증하고자 한다. 혐오 발언을 통해 경계를 짓는 순간 타자가 만들어지기 때문이다.

'혐오는 특권의 표출임과 동시에 분노와 불안의 표현이다.' 그것이 혐오를 제거하기 힘든 이유다. 자신은 안전한 위치에서 혐오대상에게 감염되지 않으면서도 대상을 지배할 수 있고 자기 마음대로 할 수 있으므로 공격하는 것이 혐오 발언이다. 혐오 표현은 "인종, 종교, 성적 지향성, 정치적 지향성, 국적, 민족, 피부색, 성별 등의 속성에 대해서 발화자가 가진 선입견에 근거하여 이를 공격하는 것"이다. 혐오 표현은 "선동적이고 모욕적이며 위협적인 발언으로 개인 또는 집단을 공격하고 혐오를 조장"하는 결과를 낳으며, 이로 인해 차별당하는 집단을 부정적으로 인식하게 하는 효과를 갖게 된다. 차별당하는 표적집단은 그들 집단의 속성 자체가 그들의 정체성이 된다. 혐오발화는 바로 그들의 정체성을 표적으로 삼아 차별하고 혐오한다. 장애인은 장애가 그 사람의 정체성인데 바로 그 장애 때문에 혐오의 대상이 된다. 동성애자, 트랜스젠더도 마찬가지다. 이때 표적 집단으로서 소수자는 사회에서의 영향력이나 공식적 영역에서 발언하고 인정받을 수 있는 지위에 있지 않거나 혹은 현저히 취약한 상태다. 혐오 주체는 취약한 자를 괴롭히는 데서 불안정한 자신이 안정된 주체라는 착각을 하게 된다.

주체는 나를 구성하는 타자(이물질, 기생물)를 미워하면서 토해낸다. 이런 이물질이 나를 구성하고 그것에 내가 의존하고 있다는 사실을 망각해야만 자족적인 '나'라는 환상이 만들어지기 때문이다. '나'를 구성하고 정체성을 형성하려면 타자를 삼키면서도 동시에 토해내야 한다. '나'는 내가 살기 위해 타자를 삼키고 소화하고 추방한다. 따라서 나의 정체성은 타자를 추방하고 뱉어내는 '윤리적 폭력'을 통해 형성된다. 삼킨 것을 토하고 추방하는 데 혐오감은 필수다. '나'의 경계를 허물어뜨리는 타자에 대한 매혹과 혐오가 나의 정체성을 형성하는 원초적 정동이라고 한다면, 나/남의 경계선(좌/우, 흑/백)이 분명하지 못한 것은 혐오의 대상이 된다. 혐오가 몸이 주는 쾌와 불쾌와 관련된 원초적 충동이라고 본다면, 그것은 이해관계에 바탕을 둔 사랑과 미움(증오)보다 앞서는 정동이다.

혐오의 젠더 정치학은 몸의 부패 가능성과 체액의 교환 과정을 남성에게 위협적인 것으로 배치함으로써 여성에 대해 혐오감을 유발하도록 기능해왔다. 이런 혐오감은 아무리 단속해도 국경선에 구멍을 내고 그 틈새로 넘나드는 불청객으로서 이민, 난민, 불법 체류자들에게 전가되기도 한다. 이렇게 해서 그들은 단단한 경계선을 허무는 불결하고 혐오스러운 이물질이자 기생물로 형상화된다.

정치적 자원으로서 혐오:
안산과 이준석 현상 ——————

이소호 시인의 ≪캣콜링≫ 중 〈마시면 문득 그리운〉이라는 산문시에는 이런 시구가 등장한다. '그냥 오늘 너무 슬퍼. 같이 있어 주면 안돼?/......예술하는 여자들은 보통 여자들이랑 다르잖아. 자유롭잖아. 얽매어있는 거 싫어하지 나처럼. 그러니까 구속하지 말자. 마음이 서로 맞는다는 게 중요한 거잖아. 그냥 이렇게 만나서 술 먹고 더 맞으면 자고 그러자./......여자들은 정말 이상하지. 멀쩡히 잘 만나다 꼭 이러더라. 됐어 기분 다 망쳤어.......'

남성 화자에 따르면 자유로운 영혼의 소유자가 예술가이고 예술하는 여자들의 자유로움은 예술하는 남자들의 자기연민에 위로를 인출해 주는 것이며, 원할 때 쿨하게 잠자리를 해주는 것이다. 그런 요구를 거절하는 순간, 여성들은 그동안 '멀쩡히 잘 만나다'가 자신의 이해관계에 따라 성희롱이나 성폭력으로 상대 남성을 고발하는 꽃뱀으로 흑화할 것이라는 두려움이 이 시의 남성 화자에게 자리하고 있다.

이 시는 2016년부터 시작해서 2018년 #문단_내_성폭력 운동이 친밀성을 어떻게 해석하면서 드러내는지를 잘 보여준다. 장류진의 ≪일의 기쁨과 슬픔≫에 실린 단편 〈나의 후쿠오카 가이드〉에서 지훈은 직장에서 만난 취업동기생인 지유가 출근길에 한 번 웃어준 이후로 '저 여자는 분명 나를 좋아하고 있어'라고 믿어 의심치 않는다. 지훈이 애정을 고백하지 못하고 뜸 들이는 사이 지유는 다른 남자와 결혼한다. 얼마 지나지 않아 지유는 교통사고로 남편을 잃고 직장을 그만둔다. 지훈은 지유가 일본으로 갔다는 소식을 듣는다. 그는 휴가를 내고 지유에게 일본 가이드를 해달라고 부탁한다. 지훈은 지유와의 여행 과정 전체를 은근한 유혹이자 사랑의 표식으로 해석한다. 그의 노련한 유혹에도 지유가 잠자리를 거절하자, 매너남의 외피를 벗고 저런 "쌍년"이라고 욕하는 것으로 이 단편은 끝난다. 이 한마디 욕설에서 지훈이 그동안 보여준 낭만적인 사랑에 빠진 남자라는 가면은 벗겨지게 된다.

이소호의 시집 제목인 '캣콜링'으로 인해 카먼 마리아 마차도Carmen Maria Machado의 〈특히 극악한 범죄: '로 & 오더: 성범죄전담반' 272편에 대한 고찰〉에서의 한 장면이 환기되었다.[23] 이 단편에서 여자는 성폭력의 상처를 견디려고 술에 의존한다. 안간힘을 다하며 버티던 여자는 알코올중독 치료모임에 나간다. 거리에서 마주친 한 남자가 '그 여자를 향해 희롱하듯 휘파람을 분다. 그러자 온 도시가 오래 참았던 숨을 토하고, 모든 것이 정상으로 돌아온다.' 둔감한 나마저도 이 문장에서 한국적인 상황이 떠올라 소름이 끼쳤다. 이 문장은 캣콜링과 같은 성희롱이 만연된 사회야말로 정상적인 가부장제 상황이라고 진술한다. 여자들은 언제 어디서든 성폭력을 당하는 것이 정상적인 상태라는 말이다.

몸에 부착된 젠더 관행은 무의식적으로 감염되고 바이러스처럼 전파되고 부지불식간에 행동으로 옮겨진다. 시간이 지나고 사후적으로 '그건 성추행이었어'라고 여자들이 성추행을 거론하면, '나를 이런 궁지로 몰아넣은 XX들'이라고 욕하는, 남성특권을 누리고 있는 남자들에게 젠더 감수성에 관한 자발적인 자기성찰을 기대할 수 있을까?

한국 사회에서 M/Z 세대들은 디지털 원주민이자 포노사피엔스$_{phono-sapiens}$다. 386, 586세대들은 젠더 감수성에 둔감할 뿐만 아니라 이미 달라진 디지털 미디어 환경에도 둔감하다. 메타버스에서 아바타로 서식하는 M/Z 세대들은 가상/현실, 본캐/부캐의 경계를 편안하고 편리하게 넘나든다. 그들은 지루한 일관성에 연연하지 않는다. 현실 공간에서는 공손하고 예의 바른 모습을 연출하고, 디지털 세상에서는 혐오를 쏟아내는 자신에게 위화감으로 고통 받지 않는다. 상황에 따라 다른 인격으로 연출하는 것이 익숙한 '크로스드레서'들이다. 그들에게는 가치의 개념이 달라져 있다. 자신의 상황과 이해관계에 따라, 사회적 가치들은 리셋되고 재부팅된다. 배신자, 프릭, 찌질이, 정병러, 루저, 악플러인 자신의 아바타들을 부캐로, 유머로, 서슴없이 소화한다.

M/Z 세대들에게 혐오는 정치적 자원이다. 그들은 메갈리아의 미러링을 재미러링하는 방향으로 급속하게 진화하고 있다. M/Z 세대를 대표하는 주자가 이준석이다. 언제나 공정한 시험을 통해 이 자리에 이르렀다고 말하는 이준석은 한국 사회에서 혐오의 정동을 혐오의 정치로 전면에 배치한 인물이다. 여성 혐오에 바탕을 둔 혐오 배틀과 시험으로 능력과 기회를 다투는 얄팍하고 납작한 공정성을 대표하는 정치적 주자로서 말이다.

2021년 4·7 보궐선거에서 여당은 완패했다. 서울시장과 부산시장 모두 성추행으로 사퇴했다. 박원순 전 서울시장은 자살했다. 자살은 양심의 가책이 아니라 자신의 결백을 주장하는 것으로 읽힌다. 그래서 '어떤 자살은 가해다'라는 정세랑의 ≪시선으로부터≫의 인용구가 리트윗을 통해 퍼져나가기도 했다. 젊은 여성 세대들의 불안과 분노를 기성세대의 젠더 감수성으로는 이해조차 하지 못한다. 4·7보궐선거는 성추행 사건에 대처하는 민주당의 둔감한 젠더 감수성에서 비롯되었고, 정권심판용 중간선거였다. 페미니즘 이슈를 가져와서 진보정당임을 표방한 정부였지만, 여당의 젠더 둔감성은 사방에서 공격받았다. 4·7보궐선거 이후 이준석이 국민의힘 당 대표로 선출된 것은 20대 남성의 여성 혐오를 투표로 결집시킨 결과라고 해도 과언은 아니다.

정보 편식으로 무장한 그들에게는 자기 프레임에 맞지 않는 정보는 입력되지 않는다. 그들은 십대 시절 게임 셧다운을 제도화했던 여성가족부에 대한 혐오의 기억을 공유한 세대들이기도 하다. 여성가족부는 그들의 주적이 되고 있고 그런 여성 혐오를 젠더 정치의 표심으로 표출했다. 국민의힘 소속 유승민 의원은 "여성가족부를 해산하고, 그 예산을 의무복무를 마친 청년들을 위한 한국형 'G.I.Bill'(미군의 제대군인 지원법) 도입에 쓰겠다"[24]고 밝혔다. 젊은 세대라고 하여 진보적인 것은 아니다. 그들이 보기에 진보의 가치는 자신의 이해관계를 사회정의로 포장하는 위선과 다르지 않다.

흥미롭게도 M/Z세대는 메갈의 전략을 재미러링한다. MBC의 〈구해줘! 홈즈〉에서 자막 '여기 말하지 못하는 **한 남**자가 있다'가 남성 혐오라고 항의하는 소동이 벌어졌다. GS25의 광고를 보면서 그들은 국민청원을 한다. 군대에 GS25 물품의 납품을 거부하고, 불매하자는 시위를 펼친다. '여자들도 군대 가라'라거나 '여자들 누릴 것 다 누리면서 차별받는다는 말이 웬 말이야'라고 외친다. 불매운동은 여성의 전매특허가 아니다. 남자들도 할 수 있다. 우리도 소비능력 있다. 남자들도 명품 사기 위해 줄 선다. 그러니 기업들이여 남성의 소비능력을 우습게 알지 말라고 분노한다. 이런 분위기에 감염되고 편승함으로써 그들은 남성으로 젠더화되고 집단적인 젠더 정체성을 확보한다. 아래 이미지(왼쪽)는 M/Z세대 남성들을 광분하게 만들었던 바로 그 광고다. 소시지 모양의 형태를 두 손으로 짚고자 하는 손이 있다. 그 손 모양이 워마드의 상징('한남'을 조롱하는)과 흡사하다는 것에서 비롯된 남성들의 분노였다.

워마드의 상징이 실렸다고 논란이 된 광고 디자인[25]   도쿄올림픽 양궁 국가대표 금메달리스트 안산 선수[26]

2015년부터 발화된 성전쟁의 가시화가 GS25 광고 디자인이라고 한다면 과장일까? 우리 사회는 여성들의 변화속도를 따라잡지 못한다. 촛불 소녀에서부터 메갈리아로 워마드로 가시화되고 분화된 여성들의 변화속도에 동세대인 남성들은 위협을 느낀다. 이 광고 디자인이 도대체 무엇이길래 M/Z세대 남성들을 그토록 분노케 하면서 무/의식적인 두려움에 떨도록 만들었을까? 어떤 공포로 인해 그들은 한국 남성의 기개를 보여주려고 했을까?

2020 도쿄올림픽에 출전한 양궁 선수 안산의 외모를 두고 남성들은 짧은 헤어컷(투블럭)을 보니 '페미'라며 혐오 발언을 쏟아내고, 안산 선수의 올림픽 양궁 부문 금메달을 회수해야 한다는 어처구니없는 주장을 했다. 그러자 다른 한쪽에서는 안산 선수를 보호해야 한다는 국민청원이 쏟아져 나오는 상황이 연출되었다. 심지어 보수 여성 유튜버 여명숙은 페미 루저들이 안산 선수와 같은 성공한 금메달리스트를 자기들과 같은 페미로 가져간다는 것에 분노를 표출했다. 그녀는 안산 선수처럼 월드클래스로 자아성취를 한 여성이 어떻게 찌질한 페미니스트가 될 수 있겠냐고 반문한다.[27]

최근의 '래디컬' 페미니즘은 자본시장 안에서 여성이 차지할 수 있는 파이를 키우는 임파워링empowering에 집중한다. 여성들이 기존제도를 변혁시켜야 할 이유가 어디 있는가, 라고 그들은 반문한다. 오직 여성인 나만이 중요하고 인생 목표는 오로지 정상에 오르는 것이다. 오랫동안 억눌려왔던 여성들이 자아실현과 자아성취를 추구한다고 하여 누가 비난할 수 있겠는가. 문제는 이런 욕망이 사회적으로 취약한 자들(트랜스,

동성애, 난민, 장애인)의 배제 위에서 추구되고 있다는 점이다. 그들에게 페미니즘은 인류를 구원하는 것이 아니라 현실적으로 내 파이를 챙기는 것이다. 이런 래디컬 페미니스트의 입장은 아이러니하게도 그들이 혐오하는 보수화된 M/Z 남성 세대와 쌍생아이고 거울 이미지로 합류하게 된다.

이들은 상호 **혐오-보복-공정**의 담론에 기대고 있다. 이때 공정성 담론은 혐오를 정치적으로 배치함으로써 사회의 구조적 불평등을 비가시화하고, 각자의 능력주의에 맞춰 시장경쟁을 하는 것이야말로 공정성이라고 여긴다. 사회 전반이 이미 기울어진 운동장이다. 기울어진 운동장에서 똑같이 경쟁하는 것 자체가 불공정한 것임을 그들은 모르지 않는다. 하지만 불공정한 제도를 변혁하기 위한 에너지를 쏟고 싶지는 않다. 그런 정치적 변혁이 개인에게 너무 많은 희생을 요구하기 때문이다. 그러니 개인이 기댈 곳이라고는 능력주의에 따른 공정성밖에 없다는 것이다. 그런 얄팍한 공정성이 그나마 대학입시, 공무원시험과 같은 시험제도다.

페미니즘은 온갖 차별과 불평등에 대한 분노를 조직화하는 것에서 시작된 운동이다. 단지 젠더의 위계화, 차별화를 사이에 두고 혐오 전쟁을 수행하는 협소한 운동이 아니다. 따라서 페미니즘은 다양한 젠더들이 역사적 주체로서 동등한 위치와 존중을 누리는 것을 목표로 삼는 실천 운동이다. 그것은 모든 억압과 차별로부터 정의가 실현되는 사회를 꿈꾼다. 그래서 페미니즘은 최후의 혁명이다.

기성세대(특히 더민주로 상징되는 586세대)는 신랄한 비판의 대상이

되고 있다. 그들을 상향 이동시켜주었던 계급상승의 사다리를 후세대에게는 허용하지 않는다는 이유에서다. 그런 맥락에서 M/Z세대에게 한국사회는 계급사회를 넘어 신분제 사회이고 헬조선이다. 하지만 공중에서 무너져 내린 사다리는 지상에서 징검다리가 될 수 있다. 수평으로 자리한 사다리는 어깨동무하고 이곳에서 저곳으로 다같이 건너갈 수 있는 발판이 될 수 있다. 여기서 서로의 어깨를 내어주고 서로 기댈 수 있는 가능성을 열어주는 이야기가 페미-스토리노믹스다. 그것은 혐오-보복-공정의 담론이 아니라 **분노-평등-정의**에 바탕을 둔 담론이다. 그런 서사는 서로 다른 목소리들이 혐오와 각자도생으로 갈라치기하도록 하는 것이 아니라 연민과 돌봄으로 어우러지도록 해주는 것이다.

3장

바이러스 주체와 이야기 배달꾼

진화생물학자인 린 마굴리스Lynn Margulis는 ≪공생자 행성≫에서 '살아 있는 존재들은 명쾌한 정의를 부정한다. 그들은 싸우고, 먹고, 춤추고, 짝짓고, 죽는다. 공생은 새로움을 낳는다.'라고 주장한다. 그녀가 말하는 공생발생symbiogenesis은 '장기간 지속적으로 공생관계가 확립됨으로써 새로운 조직, 기관, 생물, 더 나아가 새로운 종이 생성되는 진화적 용어'이다. 그녀의 공생발생 개념은 생물 진화의 역사에서 극적 사건이 된다. 다윈은 진화과정에서 **경쟁**을 강조했다면, 린 마굴리스는 **공생**을 강조한다. 흔히 환경에 최적화된 적자가 살아남는다고 할 때 어떻게 최적화를 이루는가를 상상해본다면 경쟁보다는 협동과 공생할 때 양자의 생존확률이 높을 수 있다. 종들은 상호 생존확률을 높이는 데 필요하다면 다른 종끼리의 합체도 마다하지 않는다. 그런 의미에서 모든 종은 이미 언제나 혼종 공생관계였다는 것이 마굴리스의 기본적인 입장이다. 동물과 식물의 세포가 공생관계로 이뤄졌다는 그의 이론은 이제 교과서적인 사실로 인정받는다. 세균이 식물과 동물의 세포로 들어가서 영구적으로 통합되어 색소체와 미토콘드리아로 변했다는 것은 공생이론의 전형적

인 한 측면이다.[28]

　마굴리스의 바이러스에 관한 설명에서 공생자 행성 이론은 세계를 낯설게 만드는 SF적인 상상력처럼 다가온다. 바이러스는 생명 5계(동물/식물/곰팡이/원생생물/세균) 중 어느 것에도 속하지 않는다. 바이러스는 기존의 생명체 현상에 저항한다. 그것은 살아 있는 세포 바깥에서는 할 수 있는 것이 없으므로 상식적인 의미로 살아있는 생명체라고 말할 수 없다. 바이러스는 영양분을 공급받으려면 숙주를 반드시 필요로 한다. 세포 안으로 들어온 순간 바이러스는 숙주로부터 영양분을 공급받고 자신의 RNA를 복제한다. 그렇기 때문에 바이러스는 죽은 것이며 생명이 없다고도 할 수 없다. 스스로 대사활동을 할 수 없지만 숙주를 얻는 순간 생식에 필요한 대사활동을 하기 때문이다. 이처럼 바이러스는 스스로 대사활동을 하지 못하면서도 생존가능하다는 점에서 신기한 존재다. 죽은 것도 산 것도 아닌 산/죽음 상태로 있다가 숙주를 만나는 순간 자신을 복제하는 놀라운 현상을 어떻게 설명해야 하는가. 과학자들로서도 그런 미스터리한 현상을 설명할 수 없다고 마굴리스는 감탄한다.[29]

　바이러스에 감염된 생물집단은 자연선택을 경험(집단항체)한다. 하지만 인간 세포와 마찬가지로 바이러스는 적도 친구도 아니다. 나에게 이로우면 친구, 나에게 해로우면 적이라는 인간의 윤리적 이분법은 바이러스에게 적용되지 않는다. 바이러스는 인간을 비롯한 다른 세포들 사이에 자신의 유전자를 퍼뜨린다. 이런 바이러스가 자기 복제의 씨앗을 과도하게 뿌려 과잉성장하면 숙주와 생태계를 파괴하고 위험에 빠뜨릴 수 있다. 그렇다고 하여 인간이 바이러스로부터 벗어날 수도 없다. 인간이 '자신의 바이러스'이기 때문이다. 진화생물학에 따르면 태곳적 인간은 신이 창조한 것이 아니라 바이러스로부터 진화했다. 인간 이전에 바이러스가 먼저 존재했다면 인간은 자기 생존을 위해 바이러스의 세계를 침범한 존재이기도 하다. 비유적으로 온갖 편견과 세균과 갈등과 불화와 뒷담화, 차이와 다름을 전이시키는 운반체/보균자carrier라는 점에서 인간 자신이 바이러스적 주체다.

인간을 인간으로서 만들어주는 것은 이성이라고 주장한 것이 근대 철학적 사유였다. 데카르트의 코기토에서 보다시피, 생각하는 주체이자 자신의 동질성을 유지하도록 유혹, 감염, 전이, 열정으로부터 자신을 통제하고 절제하는 것이 이성의 작용이라고 간주되었다. 그것이 인간과 동물을 구별 짓는 중핵이었다. 그런데 인간을 인간답게 만들어준다고 믿었던 이성이 외부로부터 인간의 뇌로 들어온 기생충이자 바이러스 감염에 의해 형성된 것이라고 한다면? 인간이성중심주의는 그야말로 신화가 되어버린다.

〈마지막으로 할 만한 멋진 일〉 ────

그런 성찰에 관한 흥미로운 단편이 제임스 팁트리 주니어James Tiptree Jr.의 〈마지막으로 할 만한 멋진 일The Only Neat Thing to Do〉이다. 나에게 낯선 타자, 나를 해칠 수도 있는 적과 만나서 우리는 어떻게 우정을 맺을 수 있을까? 이 작품은 마치 지금의 코로나 비상사태와 어떻게 마주해야 하는가를 미리 알려준 것처럼 보인다. 의인화된 바이러스와 인간 소녀 사이의 우화로 읽힐 수도 있지만, 그보다 근원적으로 우주적인 차원에서 관계 맺기의 사례로 읽을 수 있다.

이제는 잘 알려졌지만 제임스 팁트리 주니어는 앨리스 셸던Alice Sheldon의 (남성)필명이었다. 1970년만 하더라도 미국에서 여자는 과학적인 지식에 바탕을 둔 SF를 쓸 수 없다는 것이 상식으로 통했다. 그런 믿음을 조롱한 사람이 팁트리였다. ≪체체파리의 비법≫, ≪마지막으로 할 만한 멋진 일≫ 등을 보면서, 어떤 남성 비평가는 팁트리가 결코 여자일 리가 없다고 장담했다. 그가 여자로 밝혀지자 그 후폭풍은 '팁트리 충격'이라고 일컬어질 정도였다. 팁트리/셸던은 최초라는 수식어가 많이 따라다닌 페미니스트 과학자였다. 1960년까지만 하더라도 미국에서 여자는 우주비행사, 사관생도, 법관 등을 꿈꾸기 힘들었다. 아예 입학조차 되지 않았다. 그런 시절을 지나오면서 셸던은 최초의 공군 조종사, 최초의 CIA 연구원, 최초의 심리학 박사 등이 되었다. 예술/과학기술 분야에서 탁월했던 예술가, 작가, 과학자였다. 어린 시절 우주적 외로움에 시달렸던 셸던은 차가운 눈밭에 드러누워 하늘의 별밭을 바라보면 인간사가 너무 보잘것없어서 마음이 진정되었다고 한다. 인생 후반기에 셸던은 알츠하이머에 걸린 남편과 함께 산탄총으로 자살했다. 뒤에 남은 사람들은 셸던 부부의 죽음을 비극이라고 애도할 수도 있겠지만, 정작 셸던 자신은 자기 죽음을 비극으로 여기지 않았을 듯하다. 제임스 팁트리 주니어, 어슐러 르 귄, 옥타비아 버틀러 등과 같은 탁월한 1세대 페미니스트 SF 작가들의 출현으로 인해, 조애나 러스는 자랑스럽게 선언한다. 이제 SF는 여자들의 즐거운 놀이터가 되었다고. 그리고 팁트리의 〈마지막으로 할 만한 멋진 일〉을 읽은 것은 마지막까지 할 말한 멋진 일이 될 것이다.

소설 속 배경은 까마득히 먼 미래다. 지구는 역사책에 등장할 만큼 까마득한 세월이 흐른 뒤였다. 지구의 인류는 행성연방으로 이주했다. 행성연방은 동면기술을 발전시켜 행성 간 여행에 몇 년씩 허비하지 않게 되었다. 〈마지막으로 할 만한 멋진 일〉에서 코아틸리아 캐나다 캐스, 즉 코아티는 열여섯 살 생일선물로 소형우주선을 받는다. 아버지는 연방 행성 근방까지 여행하고 돌아오라고 당부하지만, 코아티는 누구도 가보지 못한 우주 끝까지 모험을 떠나리라 결심한다. 자신이 어떤 트러블과 함께 하게 될 것인지 상상조차 못한 채, 트러블메이커가 된다. 자신이 사는 행성 너머 우주에 관한 호기심으로 가득 찬 소녀는 용돈을 전부 털어서 연료탱크를 가득 채우고, 신용카드 잔고를 바닥내면서 탐사 장비들을 완벽히 장착한 채 연방의 경계인 900번 기지 너머 대분열대까지 날아가고자 한다.

900번 연방 기지로부터 320억 킬로미터나 떨어진 대분열대까지 가려면 보통은 몇 년씩 걸린다. 그래서 그들은 동면 상태로 이동한다. 코아티는 과거에 깨어있는 상태로 몇 년씩 걸려 우주 공간을 항해했던 선조들이 대단하다는 생각이 들었다. 코아티는 막상 출발하면서 '우주의 광대함과 미지의 세계가 주는 서늘한 느낌'[50]에 압도된다. 동면 캡슐에 들어가면서 코아티는 아주 먼 고대시절 지구의 아이들이 크리스마스 전날 밤 잠자리에 들면서 설레고 두근거렸던 것과 지금 자신이 느끼는 기분이 아마 흡사하리라 막연히 짐작한다.

일찌감치 1970, 80년대 모험소설의 주인공이 어린 소녀인 경우는 거의 없었다. 주체적인 SF의 여주인공은 더욱이나 드물었다. 그런 장르적인 문법을 깨고 용감하게 모험을 떠나는 지적인 어린 소녀를 주인공으로 설계했다는 것 자체가 당시로는 신선한 충격이었다. 항해 중 만난 실종된 보코호 선원이 남긴 통신관을 포획해서 자기 우주선으로 옮기는 도중 코아티는 외계생명체에 감염된다. 너무 작아서 눈에 띄지도 않는 생명체가 통신관 카세트에 묻어서 들어왔던 것이다.

코아티는 이상한 증상을 몸으로 느낀다. 그것은 자위하면서 성적으로 흥분했을 때의 간질거리는 쾌감과 흡사했다. 성에 눈뜨는 어린 소녀의 신체적 두근거림을 바이러스 감염에 의한 이상증세로 묘사하는 셸던의 유머에 웃음이 나왔다. 성에 무지해야 하는 순진무구한 소녀가 성욕과 쾌락을 언급하는 것이야말로 뇌의 이상증세인 셈이다. 소녀의 성욕을 말하면서 팁트리는 영리하게도 양가적인 태도를 취한다. 성욕이 없다고 믿었던 소녀들이 성욕을 말하면서도 그것은 뇌의 이상증세이므로 사회적인 비난은 받지 않을 수 있기 때문이다.

코아티의 몸속으로 들어온 생명체는 그녀의 뇌신경을 통해 말한다. 외계생명체는 숙주를 찾으면 향성向性에 의해 머리로 향하게 되고 숙주의 뇌에 자리 잡는다. 그 과정을 통해 그들은 숙주의 시신경을 이용하여 세계를 보게 된다. 숙주가 보는 것이 기실은 기생생명체가 보는 것이므로 주체의 자기 동질성은 허구가 되고, 숙주/기생의 경계가 모호해진다. 그들은 숙주가 유포리아 상태에 빠지도록 만든다. 행복감은 그것에 감염되었을 때 발현되는 증상이다. 외계생명체가 가하는 자극이 코아티에게는 성적 쾌감과 행복감으로 전이된다. 숙주는 성적 쾌감뿐만 아니라 뇌에 착상된 외계생명체 덕분에 현명한 판단을 하게 된다. 인간 뇌의 이성적 기능을 작동시킴으로써, 기생체는 인간을 그야말로 호모사피엔스로 만들어주고 자신의 생존 가능성을 높인다. 숙주는 기생생명체의 자기보존 노력을 행복한 증상으로 받아들이게 된다. 기생생명체가 과도하게 복제를 하게 되면 숙주의 뇌가 파괴되어 감염된 우주비행사들처럼 미쳐서 죽게 된다. 코아티와 외계생명체의 경우 숙주와 기생체는 상호의존적인 공생자가 된다. 코아티는 자기 안에 새 입주민이 생겼다는 점을 받아들인다. 외계생명체도 모험을 찾아서 집을 떠났다가 우주미아로 죽을 뻔 했는데 코아티의 뇌에 착상함으로써 생명을 구하게 된다. 그 역도 마찬가지다. 기생체의 면역작용으로 코아티는 감염병으로부터 일단 목숨을 구한다.

이 외계의 지적 생명체가 이아드론 족의 실료빈이다. 이아드론은 이아와 드론이 결합한 존재다. 이아가 드론이라는 숙주에 들어가게 되면 이아드론이 된다. 이아로서는 아무것도 할 수 없고 오로지 드론을 기다리는 수밖에 없다. 이아들은 본능적인 향성으로서 숙주와 만나기를 기다린다. 이아는 숙주를 만나서 숙주의 뇌에 합체되는 바이러스다. 이아들은 숙주 드론이 늙어서 죽으면 다른 숙주로 옮겨갈 수 있다. 이들은 균사체를 퍼뜨려서 다른 동물의 정보를 전부 입수하고 학습한다. 놀라운 속도로 균사체들은 다른 동물의 뇌 속 정보를 복제함으로써 숙주를 파악하게 된다.

코아티는 멘토가 없어 훈육되지 못한 이아들이 우주 조종사들의 뇌를 갉아먹고 그들을 미쳐서 죽도록 만든 장면을 보게 된다. 그렇지만 자신의 머릿속에 씨앗을 퍼뜨리지 않음으로써 숙주에게 면역체를 제공해 준 실료빈의 우정 또한 기억한다. 숙주/기생의 관계가 서로를 보완하고 서로 환대하면서 목숨 걸고 공생하는 것이 데리다가 말한 환대의 법칙으로서 우정이다. 바이러스 실료빈은 자신을 무한 복제함으로써 코아티의 뇌를 파괴하지 않고 코아티의 뇌가 되어 이성적인 판단을 할 수 있도록 해준다. 공생하면서 면역체를 형성하는 과정에 두 소녀는 우정으로 연대하게 된다. 우주를 탐험하고 싶은 호기심 가득한 두 소녀가 만나 서로의 목숨을 담보로 우정을 쌓아가면서 감염에 대처하고 서로를 희생하는 법도 배운다. 감염병으로부터 빠져나갈 수 없는 절망적인 상황에서도 좌절하기보다 용기를 낼 수 있었던 것은 서로를 지지해줄 수 있는 친구가 있었기 때문이다.

우주 탐험을 꿈꾸는 코아티는 현실 세계에서는 좌절된 여성의 꿈과 모험을 상징하는 여성 영웅 이미지이기도 하다. 코아티와 실료빈은 비극적인 결말이 기다린다고 할지라도 자신들이 할 수 있는 마지막까지 용기 있게 수행한다. 종의 경계를 넘어서 '자매애는 강하다'를 보여주는 사례가 두 소녀의 연대와 우정이지 않을까 한다. 암울한 이야기에 이처럼 따뜻한 시선을 보여준 것은 팁트리의 세계에서는 극히 이례적이다.

연출가 김태형은 〈마지막으로 할 만한 멋진 일〉을 SF 창극 〈우주 소리〉로 변형시켜 국악과 뮤지컬의 혼종으로 무대에 올린다. 김태형은 혼종적 공생적 존재인 코아티/실료빈을 아주 먼 옛날 한 옛날의 이야기로 들려준다. "그러니까 이 이야기는 아마도 오래전, 아마도 멀고 먼 어느 우주에서 벌어진 이야기렸다." 까마득한 미래의 이야기를 까마득한 인류의 과거에서부터 소환하여 혼종 장르로 만든 기획이 신선하게 다가왔던 기억이 있다.

발렌티나 테레시코바   제리 코브

1960년대는 냉전시대였다. 미국과 소련의 우주 경쟁이 치열했던 시기이다. 미국과 소련이
치열한 우주개발 경쟁을 벌인 1960년대 발렌티나 테레시코바Valentina Tereshkova는 소련에서
발사한 보스토크 6호를 타고 1963년 우주에 간 최초의 여성이 되었다. 아직까지도 그녀는
러시아의 국가 영웅이다. 반면 미국인 제리 코브Jerrie Cobb는 우주 비행사 시험에 상위 2퍼센
트의 성적으로 합격한 여성이다. 하지만 미국의 우주항공국은 1961년 우주 비행사가 되려면
일정 시간의 제트기 파일럿 테스트 경험이 있어야 한다고 발표한다. 미 공군 테스트파일럿
스쿨이 여성 입학을 허가한 것은 1982년이다. 나사는 여성 우주비행사를 배제하기 위해, 탈
락할 수밖에 없는 조건을 그들에게 부가한 셈이다. 결국 제리 코브를 포함한 13인의 여성은
우주 비행사 시험에 통과하고도 우주 비행에 참여하지 못했다. 제리 코프의 사례에서 보다
시피 자유민주주의라고 일컫는 미국은 여성의 역량을 강화시켜주기 보다 억압했다. 1960년
대 미국은 여성이 우주비행사, 사관학교 입대, 공군파일럿 스쿨 입학, 법관이 될 수 없는 시
절이었다.

인간 문명의 집약체가 메갈로폴리스다. 대도시 부양에 필요한 주변의 모든 자원은 도시를 중심으로 배치된다. 거대도시를 유지하려면 수백만 명이 모여 있어도 치명적인 재난 없이 살아갈 만큼 물질적, 경제적, 법적, 정치적 기반이 작동해야 한다. 감염병에 치명적이고 취약하지 않을 만큼 인구, 공중보건, 위생, 교통, 교육, 주택, 의료의 문제가 해결되어야 한다. 메갈로폴리스에서는 하루에도 수십만 명의 인파가 무리지어 이동한다. 중세 흑사병, 콜레라, 천연두, 한센병 등과 같은 감염병이 전쟁보다 더 많은 인구를 희생시켰다는 점을 돌이켜본다면, 대도시의 일상은 무엇보다 감염으로부터 안전해야 유지된다. 코로나 팬데믹이 절박하게 보여주듯, 메갈로폴리스의 성장은 감염병으로부터의 안전망과 밀접한 관련이 있다.

　21세기 들어 도래할 화성 시대를 위한 우주과학적 프로젝트가 진행되고 있다. SF 상상력 속에서 그들은 지구 행성의 '가치사슬'의 중력을 끊고 그들만의 우주 콜로니로 탈주하려는 슈퍼재벌 악당들이다. 다른 한편 우주정복을 꿈꾸는 인간들이 모여 사는 대도시는 '하찮은' 바이러스 때문에 무너질 정도로 언제든 취약성을 드러내고 있다. 2년 동안 코로나 비상사태가 계속되고 있고 일상은 거의 중단되다시피 하고 있다. 감염은 역설적이게도 자연과 우주의 정복자로서 인간의 나르시시즘을 여지없이 무너뜨린다. 바로 그런 인간의 취약성 때문에 인간은 상호의 존적인 가치사슬에 묶이지 않을 수 없다. 감염은 사회, 문화, 경제, 의료, 공중보건, 지역과 같은 다양한 행위자들 사이의 관계와 배치 속에서 발현된다. 인간의 손길이 닿지 않는 야생은 거의 남아 있지 않다. 인간들은 바이러스가 전염되기 쉬운 장소에 거주지를 만들고 먹고 마신다. 장거리 접촉이 순식간에 가능해지게 됨에 따라, 바이러스도 자기 복제가 가능한 숙주를 따라서 손쉽고 신속하게 여행한다.

동물, 식물, 유기체, 무기물, 등 '자연문화' 전체가 전 지구적으로 연결되어 있다는 점에 주목한다면, 지금과 같은 자본주의적 인간중심주의로는 지구의 장기지속은 불가능할 것이다. 브뤼노 라투르Bruno Latour는 코로나바이러스 위기가 장차 닥쳐올 '기후변화에 대처하기 위한 총연습'이라고까지 선언했다.[31] 인간의 천적이 사라진 지금 인간이 자신의 탐욕대로 자원을 착취하고 종을 번성시킨다면, 지구 행성 자체가 견뎌낼 수 없다고 미래학자들은 끊임없이 역설해왔다. 지구온난화, 기후 위기, 환경오염, 감염병 등으로 인한 재앙의 시대, 어슐러 르 귄의 이야기 운반주머니 이론의 재조명이 필요하지 않을까 한다. 지구 재난의 시대, 인류의 미래를 위한 씨앗 저장고인 시드볼트가 어슐러 르 귄의 이야기 운반주머니 이론이다.

어슐러 르 귄의 이야기 운반주머니 이론[*]에 의하면, 이 운반주머니에는 아기, 문명, 보균, 과거의 기억, 미래의 씨앗인 이야기들이 담겨 있다.

르 귄에게 문명은 전쟁하고 정복하는 영웅주의에서 비롯된 것이 아니다. 문명은 이야기의 운반에서 비롯된다. 영웅적인 사냥 이야기보다 귀리껍질을 벗겨서 식량을 만드는 이야기에서 문명은 싹튼다. 문명의 씨앗은 입에서 입으로 전달된다. 그런 이야기 운반주머니에는 온갖 씨앗들, 겨자씨, 곡식 알갱이, 약자들, 멍청이들, 음유시인들, 부랑자들, 도둑들, 민중들의 목소리가 담겼다가 흘러나가고 전이된다. 문명은 전쟁과 사냥과 폭력과 파괴에서가 아니라 아득히 먼 곳에서부터 운반되어 온 이야기의 기억으로 가능해진다.

수렵채집인들은 생존에 필요한 시간을 제하고 남는 시간에 많은 것들을 할 수 있었다. 아기를 많이 낳지 않았으므로 그들은 아기 돌보는 데 모든 시간을 빼앗기지 않았다. 유목생활로 인구 증가가 크지 않았던 수렵채집인들은 다양한 식자재의 채집이 가능했고 수렵한 고기와 채집한 채소로 다채로운 식단이 가능했다. 유발 하라리의 ≪사피엔스≫에 따르면 수렵채집인들의 삶은 노예노동에 시달리는 농민들에 비해 훨씬 자유롭고 여유시간이 많았다. 농사는 많은 일손을 필요로 했다. 안정적인 식량 생산으로 인구가 폭발적으로 늘어난 농경시대 농민들은 식구를 먹여 살리기에 바빴다. 농업혁명은 '인간과 곡물 사이의 파우스트적 거래'[33]였으며, 혁명을 희생한 대가라고 하라리는 주장한다. 먹고 사는 문제를 해결하지 못해 비참한 생활을 했을 것으로 여겨진 수렵채집시대보다 농경생활이 행복하지 않았다는 뜻이다. 불순한 일기와 변덕스러운 날씨에 따라 수확량은 일정하지 않았다. 홍수, 가뭄 등으로 하늘의 뜻에 따를 수밖에 없었고, 미래를 염려하는 마음이 본격화되었다. 하늘의 뜻을 알려주는 신들을 섬기기 위해 신전을 운영하는 사제들과 사치스러운 귀족들의 부를 감당하기 위해 농민들의 노예노동은 더욱 가혹해졌다는 것이다.

하라리보다 앞서 어슐러 르 귄은 이상적인 삶을 수렵채집시대로 설정한다. 그들은 남아도는 시간에 요리를 하거나, 노래를 부르거나, 별을 바라보며 사색하거나, 사냥터에서 숲속에서 일어났던 수많은 이야기를 나눴다. 벤야민의 이야기꾼처럼 사냥꾼은 사냥한 짐승과 더불어 이야기를 짊어지고 돌아왔다. 모닥불 주변에 둘러앉은 그들에게 짜릿한 흥분을 가져다준 것은 사냥감 자체라기보다 그들이 묻혀오는 이야기들이었다.

이야기의 배달꾼은 보균자이면서 전달자다. 이야기는 존재와 존재들 사이의 전이되고 전파되는 강력한 힘이다. 지배의 무기나 전쟁 기계가 아니라 원초적인 이야기 운반가방에 바탕을 두어 문명이 전달된다고 재정의한다면, 인류는 즐거운 부수효과를 누릴 수 있다고 르 귄은 노래한다. 이야기 배달꾼의 SF는 기원신화, 영웅서사, 묵시록을 더는 필요로하지 않는다.[34] 소설은 남성 영웅hero의 이야기가 아니라 씨앗들, 파과들, 나비, 부랑자, 멍청이, 어머니, 민중의 이야기들이다.

늙은 이야기 배달꾼은 동식물의 언어를 알고 있으므로 수어를 따로 배울 필요가 없었다. 그들은 동물의 언어를 넘어 식물의 언어와 사유까지 터득했다. 그런 언어를 통해서 무수한 이야기의 두꺼운 현재가 전해진다. 족제비 살인의 미스터리 연구, 개구리의 에로티카, 지렁이의 터널 연대기, 주목과 애호박의 예술, 개미의 애도, 황제펭귄의 고통, 해바라기의 침묵, 수선화의 슬픔, 여왕개미를 위한 일개미 노동자의 분노 등.

　해러웨이는 메리 포핀스의 가방처럼 온갖 것들이 줄줄이 따라 나오는 어슐러 르 귄의 이야기 운반주머니를 폐허가 되어가는 훼손된 지구 생존 가이드북으로 간주한다. 〈세계에 씨뿌리기〉[35]에서 해러웨이는 르 귄의 소설에 등장하는 식물과 소통하는 비인간언어학자들이 보여주는 놀라운 가능성을 미래의 약속으로 수용한다. 그것은 회복 가능성의 프로젝트이자, 식민과 탈식민의 자연문화적인 역사의 파괴와 성취를 물려받는 것이다. 그런 기획은 불순한 오염의 이야기이자 혼종적인 씨뿌리기다. 그것이 다름 아닌 곤경과 함께 하기다. 함께 되기를 위한 열망을 실어 나르는 것이 이야기의 힘이자 이야기의 페다고지라고 해러웨이는 말하고 있다.[36] 늙고 분노하고 지친 여성의 이야기 가방은 시공을 가로질러 세계에 흙 묻은 씨앗을 뿌려 테라공동체의 미래를 약속하는 담보물이다. 그것은 근대의 약속으로서 단단한 건축물이 아니라 발아하고 성장하고 부패하고 오염되고 부식되어 썩고 거름이 되는 과정을 두런두런 노래하는 숲의 이야기가 된다.

≪세상을 가리키는 말은 숲≫

어슐러 르 귄의 ≪세상을 가리키는 말은 숲The Word for World is Forest≫은 숲의 시이고 꿈이자 세계다. 이 작품은 생태 페미니즘의 선구적인 작품이라고 칭송받을 만하다. 지금처럼 지구 행성의 생태환경이 위험에 처한 시대에 뒤돌아보았을 때, 르 귄의 상상력은 언제나 옳다고 말하고 싶을 정도다. 르 귄의 다른 작품 ≪박탈당한 자들The Dispossessed≫에서의 모호한 두 얼굴과는 달리 이 작품에서 선악의 윤리는 선명하다. 복잡성, 모호성, 아이러니, 양가성이 있어야 세련되고 '모던한' 작품이라고 이해하는 것을 반박하듯, 이 SF의 스토리는 단순명료하고, 기회주의적인 양비론이 없다. 악당은 악당이고 나쁜 것은 나쁜 것이다. 그래서 상실된 숲의 세계가 더욱 통렬하고 아름답게 다가온다. 야만적인 지구인 대 평화로운 원주민, 꿈 없는 자들 대 꿈꾸는 자들, 파괴적인 식민주의자 대 자연 친화적인 토착민처럼 윤리적 이분법이 도식적으로 비칠 수 있다. 선명한 윤리적 이분법을 완화시키는 완충장치로서 우호적인 생태주의 인류학자인 류보프와 같은 지식인 매개자가 등장하지만, 그마저도 익숙한 구도다. 악당 식민주의자 지구인 데이빗슨의 몰락과 선한 피해자 원주민 셀버의 궁극적인 승리로 이야기는 마무리된다.

이 작품에서 지구 행성에는 숲이 소멸되었다. 인간의 탐욕, 기후, 환경 재앙으로 나무가 사라졌다. 지구인들은 지구자원을 맘껏 채굴하고 탐욕과 사치를 누렸다. 남벌, 지진, 산불 등으로 숲은 황무지가 되었다. 지구인들은 외계행성에 식민지를 건설하고 그곳에서 목재를 실어 온다. 지구에서는 희귀해진 목재를 구하기 위해 인간들은 외계행성 애스씨 Athshe를 식민지로 삼아서 또다시 숲을 무분별하게 착취한다. 숲을 황무지로 만드는 지구인들의 소행에서 우리는 베트남에 네이팜탄을 쏟아 부어 산림을 불태우고 고엽제를 뿌려 황폐화했던 미제국주의의 만행을 떠올리게 된다. 숲의 황무지화는 외계행성에서 일어난 SF적 사건이 아니다. 스스로 문명인이라 자부했던 식민제국주의자들은 지구 행성의 애스씨인들인 인도인, 아시아 아메리카 원주민들을 착취하고 세계 곳곳에서 야만적인 약탈을 자행했다.

지구인들은 애스씨를 뉴-타히티라고 불렀다. 그곳은 지구에서는 멸종된 나무들로 빽빽한 곳이다. 하지만 이 숲이 목재가 될 무렵이면 숲은 개간지로, 개간지는 농토로 변할 것이다. 숲은 나무를 목재로 만들려고 뿌린 화학약품 냄새로 가득하다. 나무가 사라지면 씨 뿌리는 농민들이 등장한다. 지구인들은 키가 작고 덩치가 왜소한 초록색 피부의 원주민들을 '크리치(creeches, 느릿느릿 기어 다니는 느림보, 굼벵이라는 뜻)'라고 경멸하면서 노예로 부린다.

애스씨인들이 보기에 하늘에서 내려온 거인족은 꿈꿀 줄도 노래할 줄도 모르고 약탈하고, 파괴하고, 정복하는 데만 관심이 있을 뿐이다. 반면 애스씨인들에게 나무는 조상의 토템이다. 물푸레나무족, 호랑이가시나무족, 흰가시나무족과 같이 나무는 그들의 조상이고 영혼이고 꿈이다. 그들은 초록색 털(초록 괴물 〈슈렉〉에 나오는 슈렉의 이미지)로 뒤덮여 있다. 르 귄의 이야기는 〈아바타〉를 연상시킨다. 제임스 카메론 감독의 블록버스터 〈아바타〉(2009)에서 인간들은 외계행성을 식민지로 만들고 자원을 약탈한다.

애스씨인들은 살인을 모른다. 그들은 싸움 대신 노래를 부르고, 일 대신 잠속에서 꿈꾼다. 그들은 문제가 생기면 잠을 청한다. 꿈속에서 해결책을 구한다. 그들에게 꿈이 현실이고 현실이 꿈이다. 인류학자인 류보프는 그들의 잠과 꿈이 파르테논 신전에 비견된다면, 지구인의 잠과 꿈은 흙집에 불과하다[37]고 말한다. 지구인들은 꿈꾸지 못한다. 깨어나면 아무것도 기억하지 못하기 때문이다.

평화로운 종족 애스씨인들에게는 나무가 토템이어서 애스씨인 셀버는 물푸레나무 토템을 가지고 있다. 셀버는 애스씨로 파견된 식민지 감독관 데이빗슨에게 아내를 잃고 분노로 돌변하기 전까지는, 꿈꾸고 노래하고 숲을 사랑하며 살인을 모르는 평화로운 애스씨인의 전형이었다. 애스씨인들은 인간을 '유멘'이라고 부르며 두려워하지만, 죽이거나 저항하지 않는다. 지구인 정복자들의 눈에 애스씨인들은 둔하고 게으르고 굼뜬 버러지처럼 행동한다. 그들은 일하지도 않고 싸우지도 않고 아무것도 하려고 들지 않는 종족이다. 일하지 않는 자는 먹지도 말라는 훈계 속에서 살아온 지구인들은 게으름을 용납할 수 없다. 반면 애스씨인들은 마지못해 일하다가도 시도 때도 없이 잠에 빠져든다. 그러니 경멸받고 착취당해도 마땅하다고 유멘은 자신의 행동을 정당화한다.

식민지 감독관인 데이빗슨은 어둡고 축축한 숲에 밝은 빛이 들어오도록 개간하는 것이 문명의 사명이라고 여긴다. 원시적인 어둠과 야만과 무지가 사라지고 나면 뉴-타히티는 진정한 에덴동산이 될 것이라고 믿는다. 밝은 초록의 에덴동산은 그의 세계가 될 것이고 그는 세계를 길들이는 자라고 자부한다. 빛과 어둠, 이성과 비이성, 문명과 자연, 남성과 여성과 같은 서구철학의 이분법적 위계화를 상징하는 인물이 데이빗슨이다. 그가 보여주는 인간이성중심주의가 어떻게 자연, 여성, 원주민의 경멸과 착취를 정당화하는 토대가 되는지를 생태 페미니스트들은 신랄하게 비판한 바 있다.

애스씨인들의 숲은 지구에서는 사라진 나무들의 현란한 색채로 가득하다. 연두색, 초록색, 적갈색, 연녹색, 이끼색들로 어우러져 있다. 색깔들은 바람이 불 때마다 쉴 새 없이 변했다. 바람, 물, 햇빛, 별빛 속에서 노래하는 나무들의 색채의 향연이 펼쳐진다. 숲은 다소 차고 질척거리는 갈색토로 덮여있다. 그것은 오래전 복잡한 천이遷移 과정을 거치고 죽음을 맞이한 나뭇잎들과 나무들, 그리고 생명체들이 어우러져서 이루어낸 산물이다.[38]

지구 사령관인 데이빗슨은 단지 성욕을 해소하기 위해서라면 안전하고 위생적인 동성애 제도가 있음에도 구태여 여자를 강간하고 죽인다. 정복과 살인에의 쾌락 때문이다. 그는 자연과 여자는 정복하기 위해 존재한다고 믿는 인종차별적, 여성 혐오적인 백인 남성이다. 그는 셀버의 아내를 강간하고 죽인다. 아내를 잃은 셀버가 기지에 불을 지르고 인간을 죽이는 사건이 벌어진다. 유멘들이 세계를 베어내기 시작하자, 나무들은 쓰러지고 세계는 찢겨 나간다. 인류학자인 류보프는 살인을 모르는 애스씨인들이 어떻게 살인을 하게 되었는가, 지구인의 살인 욕망이 그들을 감염시킨 것은 아닌가 의심한다. 지구인들은 그들에게 살인병을 옮기는 바이러스가 된다.

류보프와 셀버 두 사람은 서로의 언어와 문화를 열심히 배우고 가르쳤지만 이제 류보프는 셀버가 두렵다. 살인을 모르는 그가 인종적 증오심, 경멸을 유멘으로부터 배웠기 때문이다. 셀버는 누구의 눈으로 세계를 보는가? 꿈꾸는 세계 시간은 이제 어떻게 달라질까? 그는 누구의 언어로 말하고 있는가? 원주민 숙주와 외계 기생체가 서로 자리바꿈을 하고 살인 바이러스를 나눈다고 한다면? 지구인 바이러스에 감염되어 변형된 셀버의 모습은 자기 종족을 새롭게 만드는 것이 아니라 파괴할 외래의 감염병이자 재앙일지도 모른다. 지구인과 함께 들어온 세균으로 애스씨인들이 전멸할 것이라는 공포 또한 그는 가지고 있었다.

하지만 애스씨인들은 데이빗슨을 죽이지 않는다. 대신 그가 파괴한 나무 한 그루 없는 덤프 섬에 내다 버린다. 그곳에서 제정신을 차리든지 아니면 꿈꾸는 법을 배우든지 하도록 던져둔다. 데이빗슨의 실패를 인정한 감독관들이 와서 이전 식민지인들을 전부 송환한다. 지구에서 파견된 또 다른 인류학자 레프넌은 그들이 철수하고 나면 애스씨의 숲은 예전처럼 돌아갈 것이라고 낙관하며, 더는 동족 사이에 살해할 이유도 없을 것이라고 말한다. 그러자 셀버는 새로운 방식의 노래하기나 새로운 방식의 죽음을 제시하는 신이 오므로, 애스씨인들이 죽이는 방법을 모른다고 시치미 떼는 것은 아무런 소용이 없다고 대답한다. 정복자 지구인들이 떠나고 난 뒤 애스씨는 결코 원래의 유토피아로 돌아갈 수는 없을 것이다.

버섯의 지혜와
아카시아의 공생 이야기 ──────

안나 칭Anna Tsing은 '훼손된 지구에서의 생존기술'이라고 칭한 것을 자신의 저서 버섯이야기에서 잘 보여주고 있다. 자본주의의 폐허에서 생존의 가능성을 어떻게 찾을 수 있을 것인가라는 절박한 질문에서부터 비롯된 것이 버섯이야기다. 버섯의 지혜는 신자유주의적 자본주의의 파괴가 남긴 폐허에서 생명의 회복과 합창이 어떻게 가능한지를 보여준다.

캘리포니아 대학 산타크루즈 교수이자 인류학자인 안나 칭의 ≪세상 끝에 있는 버섯: 자본주의의 폐허에서의 삶의 가능성에 대해서≫[39]는 "자본주의적 파괴와 다종(多種)의 풍경 내에서 협동적 생존, 즉 지구에서 삶을 지속하는 데 필수적인 것 사이의 관계에 관한 독창적인 연구"라고 흔히 거론된다.[40] 평범한 버섯의 이례적인 생태적 삶과 상업적 여정에 주목함으로써 자본주의의 심층적인 동학을 칭은 탐구하고 있다.

다종 사이에 공생 공존의 페다고지를 안나 칭은 송이버섯에게서 배운다. 송이버섯은 변두리 자본주의 공간pericapitalist spaces에서 서식한다. 그곳은 자본주의 안과 바깥의 경계를 넘나드는 공간이다. 버섯은 폐허에서 살아남아야 하는 인간운명의 대리물로 비유된다. 이 강인하고 영리한 버섯은 파괴된 생태계나 폐허가 된 풍경들 속에서 자란다. 폐허가 된 공간의 회복 가능성을 안나 칭은 송이버섯 이야기에서 찾는다. 북방의 풍경에서 자라는 송이버섯은 황폐한 장소에 다시 나무가 자라도록 돕는 조력자다. 버섯들은 불안정성을 다루는 전문가들이다. 송이버섯 채집자들은 자본주의 주변부에 있으면서도 자본 시장과 관계 맺는다. 버섯을 채집한다는 것은 단지 버섯을 만나는 것이 아니라 버섯과 버섯의 괴상한 친족 행위자들을 그들의 서식지와 함께 만나는 것이다.[41] 이때 버섯은 폐허에서 살아남아야 하는 사람들, 자본주의 시장경제에서 탈락한 사람들(아직도 채집에 의존해서 살아가는)이 생존의 폐허에서 살아남기 위한 은유로 해석할 수도 있다.

자본주의의 폭식은 소화불량을 초래한다. 동물권이라고는 상상조차 할 수 없는 환경에서 고통받으면서 인간에게 소비되기 위한 상품으로 자란 동물은 인간에게 자신이 대접받은 대로 되돌려준다. 해러웨이가 말하는 실뜨기 패턴은 상호관계 속에서 새로운 이야기를 만들어낸다. 코로나바이러스도 그런 실뜨기 패턴의 상호관계에 의해서 우연히 생성된 이야기 중 하나다. 탐식으로 인한 소화의 실패는 우발적인 것이다. 이질적인 것들의 우연한 접촉과 먹기, 침입, 감염, 흡수, 합병 과정에서 뜻하지 않은 실패가 전혀 다른 관계 모델을 등장시키게 만든다. 그러므로 '모든 실패는 일종의 성공이다.'[42] 이것이야말로 해러웨이가 공존, 공생으로 세계 짓기worlding를 권장하는 페다고지의 한 형태다. 성취가 아니라 실패의 사이 공간이야말로 타자와 더불어 공존하는 영토가 된다.

르 귄의 단편 〈아카시아 씨앗의 저자The Author of the Acacia Seeds and Other

Extracts from the Journal of the Association of Therolinguistics〉에서 이야기꾼은 아카시아 씨앗이 남겨둔 흔적으로 세계를 재해석하는 법을 배운다. 머리가 잘려 살해된 개미가 아카시아 씨앗에 남겨놓은 스크립트의 메시지는 무엇일까? 이 단편에서 비인간언어 연구학자는 참수당한 개미가 아카시아 씨앗에 분비물로 적어놓은 것을 해독한다. 그 개미가 남겨놓은 메시지는 '여왕을 위하여 봉기하라!'였다. 그것은 일개미 노동자들의 봉기를 선동하는 유서였다. 개미와 아카시아는 공생한다. 개미는 아카시아에게서 영양분을 얻으면서 다른 한편, 아카시아 씨앗을 운반해준다. 개미굴 자궁에서 씨앗을 발아시키면서 개미는 부지런한 개미의 우화를 짓는다. 이처럼 공생발생과 공제작은 응답-능력respons-ibility과 다르지 않다.[43]

르 귄의 아카시아와 벌들 사이의 공생 이야기는 그야말로 공생지의 이야기다. 한국인에게 아카시아 나무는 그다지 쓸모없는 잡목으로 취급된다. 우리가 흔히 아카시아로 알고 있는 것은 아까시나무다. 아까시나무는 성장 속도가 엄청나게 빨라서 민둥산을 조림하기 위해 국가 정책으로 심었던 나무이다. 조상의 무덤 가까이 아까시나무가 있으면 벌목을 한다. 사방으로 마구 뻗어 나간 아까시 뿌리가 조상의 유골을 파고들어서 숨통을 막는다고 믿었다. 그렇게 되면 후손의 무관심과 불효에 심기가 불편해진 조상들이 후손에게 분풀이를 할 수도 있다고 두려워했다.

하지만 오스트레일리아 대륙에서 아카시아는 벌꿀의 원료제공뿐만 아니라 엄청난 용도를 가지고 있다. 아카시아 나무는 생태계에서 건강한 생물 다양성을 유지함으로써, 많은 하숙인을 거느리고 잡다한 손님을 접대하는 게스트하우스 식당이다. 아카시아는 꿀, 아이스크림, 핸드

로션, 맥주, 잉크, 콩 모양 젤리 과자, 옛날 우표 스탬프의 원료가 된다. 나방, 인간, 채식 거미를 포함해 수많은 곤충과 동물 같은 다양한 종들이 음식으로 아카시아를 활용한다.

아카시아는 방대한 콩과 식물의 구성원으로서 곰팡이 구균 공생자 symbionts이다. 그것이 아카시아의 수많은 능력 중 하나다. 아카시아는 토양 비옥도, 식물 성장에 아주 중요한 질소를 고정시킨다. 아카시아는 방목과 해충으로부터 자기를 보호하려고, 동물들에게 향정신적 작용을 하는 많은 화합물을 생산하는 알칼로이드 공장이다. 아카시아 잎은 기린들에게는 맛있는 샐러드를 제공해준다. 아카시아 나무는 포토존을 좋아하는 인간이 즐겨 찾는 그림 같은 풍경을 제공한다. 아프리카 사바나에 짙푸른 녹음을 드리우고, 수많은 기린에게 휴식처뿐만 아니라 풀잎을 제공함으로써 그들은 기린의 허기에 응답한다.

르 귄의 이야기 운반주머니 속에서 꺼낸 개미와 아카시아의 공생자 관계에 주목해보자. 참수된 개미와 아카시아 씨앗은 어떻게 통신을 했을까? 비-인간언어학자들은 식물이 기록한 암호문을 해독한다.[44] 개미와 아카시아는 서로를 어떻게 알고 서로의 문제를 전달할 수 있었을까? 개미는 왜 아카시아 씨앗의 반짝이는 표면에 메시지를 그렸을까? 발아되지 못한 씨앗이 단서다. 아카시아는 개미가 좋아할 만한 화학적 분비물을 뿜어낸다. 약삭빠른 아카시아는 씨앗 주위를 감고 있는 화려한 부착 줄기로 개미의 관심을 끈다. 개미는 장식된 씨앗을 둥지로 운반하고, 여가에 지방이 풍부한 부착 줄기를 먹는다. 때가 되면, 씨앗은 개미의 안식처인 지하동굴이 제공하는 멋진 자궁에서 싹을 틔운다. 개미는 영양가 있고 칼로리 많은 음식을 먹으며 열심히 일하는 습관에 관한 모든 이야기에 연료를 공급한다. 진화론적-생태론적 측면에서, 이 개미와 아카시아는 서로의 재생산을 위해 공생한다.

반려종에서 반려는 함께 한다는 뜻이기도 하고 동시에 배신하고 떠난다는 의미도 있다. 진화에서 생사를 건 투쟁은 일방이 다른 일방을 잡아먹지만, 다른 관점에서 본다면 그런 생사 게임은 동시에 공생자의 협력관계가 되기도 한다. 생사의 치열한 투쟁에서 실패, 즉 잡아먹은 모든 것을 소화하지 못함으로써 그 실패의 틈새에서 새로운 씨앗이 자라도록 해준다는 점에서 그것은 공생의 관계로 전이되는 것이기도 하다.

4장

반려종과 더불어 공생적 세계 짓기 ∴ 다너 해러웨이

인본주의Humanism에서
사이보그-견본犬本, caninism주의로 ————

    다너 해러웨이는 페미니스트 생물과학자다. 그녀의 저술은 흥미진진한 SF처럼 다가온다. 일반적으로 과학자의 논문을 두고 SF 같다고 말하는 것은 엄청난 무례다. 당신 논문은 과학적 사실에 기반한 것이 아니라 과학적 허구와 다르지 않다는 비난이기 때문이다. 하지만 해러웨이의 경우 자신의 저술을 SF라고 한다 하여 불쾌하게 여길까? 해러웨이의 저술이 다양한 SF의 복합체처럼 보이는 이유는, 그가 페미니스트 과학자로서는 특이하게도 '일탈적'이고 은유적인 글쓰기에 의지하고 있기 때문이다.

    해러웨이의 SF 복합체인 ≪해러웨이 선언≫[45]이 선집 형태로 번역 출판되었다. 20세기 후반에 나온 〈사이보그 선언〉(1985)과 21세기 초반에 출현한 〈반려종 선언〉(2003) 사이에는 20년에 가까운 시차가 있다. 〈사이보그 선언〉과 처음 마주했을 때 도대체 무슨 과학자가 이렇게 난해하고 '난잡한' 글쓰기를 하지라는 난감한 기분이 들었다. 〈반려종 선언〉이 나올 무렵까지 거듭 읽은 〈사이보그 선언〉에서 마침내 해러웨이의 글쓰기의 유머와 페미니스트로서 배짱이 보였다. 그런 글쓰기를 하면서도 과학계에서 살아남았다는 것이 놀라웠다.

〈사이보그 선언〉이 레이거노믹스 체제 아래 나온 사회주의 페미니스트 선언문이라고 한다면, 〈반려종 선언〉은 9·11을 경험한 부시 정권 아래 등장한 동반종 선언문이다. 두 선언문 사이 세기가 바뀌고 세계가 변했다. 동구 공산권은 무너졌고, 고삐 풀린 자본주의는 의기양양하게 '역사의 종언'을 고했다. 사회가 급속하게 변화한 만큼 두 선언문 사이에 이론적 편차도 상당하다. 기술과학 시대의 사변적 유토피아를 상상했던 〈사이보그 선언〉과는 대척점이라고 할 수 있는 생명정치윤리에 바탕을 둔 〈반려종 선언〉을 함께 묶은 의도가 바로 그런 편차를 보여주려는 것은 아닐까 싶었다. 그런 궁금증은 이 책에 부록처럼 첨가된 캐리 울프 Cary Wolfe와 해러웨이 두 〈반려자들의 대화〉에서 어느 정도 해소될 수 있었다.

다너 해러웨이의 〈사이보그 선언〉이 등장한 1985년 무렵, 미국은 구소비에트연방을 대상으로 군비경쟁과 '우주 전쟁'을 치르면서 엄청난 기술과학 시대를 맞이하게 되었다. 인공두뇌 유기체인 사이보그는 사이버네틱스 군사기술발전의 파생물이었다. 말하자면 다국적 군산복합체와 더불어 C³I(명령command-통제control-통신communication-첩보intelligence)로 코드화된 시대의 아이러니가 사이보그였다. 〈사이보그 선언〉은 그런 시대적 맥락 속에서 사회주의 페미니즘이 살아남아 세계를 변화시킬 수 있을 것인가를 고민한 거대 담론이자 거창한 기획이었다.

미국에서 1970년대는 제2 물결 페미니즘의 전성기였다. 하지만 1970년대 천둥 번개와도 같았던 페미니즘의 목소리는 1980년대에 이르면 폭발적인 분출만큼이나 급격하게 잦아들었다. 10년 사이 미국 페미니즘의 지형은 엄청난 변화를 경험했다. 수전 팔루디Susan Faludi가 ≪백래시≫에서 1980년대 안티페미니즘 현상을 분석했다시피, 사회문화적으로는 뉴라이트와 같은 도덕적 다수파들의 공격, 경제적으로는 신자유주의 시대 레이거노믹스의 심화, 정치적으로는 진보 세력의 신보수화 등으로 페미니즘은 열세에 몰리게 되었다. 심지어 페미니즘 진영 안에서도 사회주의 페미니즘은 래디컬 페미니즘의 공격대상이었다. 사회주의 페미니즘은 노동, 자본, 계급을 중심으로 가부장제적 자본주의를 적대세력으로 설정했다면, 그에 비해 래디컬 페미니즘은 사회주의 페미니즘의 이원 체계(계급과 젠더에 바탕한)론을 비판하면서 젠더 중심으로 의제를 전환했다. 래디컬 페미니즘은 자본주의와 맞서 싸우겠다는 거창한 목표 대신 '개인적인 것이 정치적인 것'임을 주장하면서 여성의 몸, 임신, 출산, 양육, 낙태, 성폭력, 가정폭력 등을 의제화하고 가부장적 남성중심주의에 적대했다. 적대가 분명했다는 점에서 래디컬 페미니즘의 목소리는 강력했지만, 운동으로서는 단명했다. 죽었다고 완전히 소멸하는 것은 아니다. 죽음은 언제든 유령으로도 귀환할 수 있는 법이다.

기술과학의 시대 실리콘 밸리의 집적 회로 속 여성들(IT 산업에서 단순노동을 하는 여성노동자들)은 핵가족 중심의 가정경제와는 달라진 가족 생태계 속에서 살아가게 된다. 남성 생계부양자/여성 가정주부와 같은 이상적 핵가족 모델은 교외에 사는 백인 중산층 정규직 이성애 가정에서나 가능했다. 하지만 1980년대에 이르면 가정, 시장, 국가, 병원, 직장, 학교, 교회와 같이 사회의 전 분야가 신자유주의 체계로 거의 전환되었다. 사회복지체계는 축소되고 시민사회는 위축되었다. 이런 상황에서 사회주의 페미니스트로서 해러웨이의 해결책은 래디컬 페미니스트들처럼 **정체성**의 정치가 아니라 **친밀성**affinity의 정치였다. 젠더, 섹슈얼리티, 인종, 계급, 민족, 국적, 종교, 교육, 나이 등 다양한 차이가 교차하는 공간으로서 여성들은 서로의 차이에도 '불구하고'가 아니라 차이로 '인해' 연대할 수 있을 것으로 해러웨이는 보았다. 다름과 차이로 연대한 친밀성의 정치를 해러웨이는 사이보그라는 은유로 설정한 셈이다.

영성, 여성성, 생태에 주목한 많은 페미니스트가 기술과학을 남성적인 것으로 간주하여 거부반응을 보인 것과는 달리, 생물과학자인 만큼 해러웨이는 기술과학의 발전을 **우려**가 아니라 **유머**로 바라보았다. 사실 인공두뇌 유기체인 사이보그는 기술인본주의와 제국주의 군산복합체의 부산물이었다. 이처럼 군비경쟁과 냉전 시대의 산물인 사이보그를 패러디와 패륜의 방식으로 가져와서 페미니스트 스스로 사이보그가 되자고 해러웨이는 창안했다. 말하자면 "이 지구에서 살아남으려면 사이보그가 되어야 한다"는 것이었다. 이처럼 사이보그 선언은 한편으로는 군산복합체 다국적 자본주의의 위력에 대한 응전이자 다른 한편으로는 래디컬 페미니즘에 맞선 사회주의 페미니즘의 활로 찾기 프로젝트였다. '여성으로 정체화하는 여성'을 주장하는 래디컬 페미니즘에 대한 응답이 가부장제의 부산물인 난잡한 혼종·잡종 사이보그라니! 사이보그는 해러웨이식 유머이자 아이러니다.

사이보그는 서구 이분법의 경계 허물기에 관한 은유다. 사이보그는 기계/인간, 유기체/동물, 물질/비물질과 같은 이분법적 범주의 위반이다. 따라서 사이보그는 인간/기계/코요테/사기꾼/뱀파이어/몬스터/여신처럼 온갖 이종들의 결합이자 잡종들의 실뜨기 놀이이며 차이의 그물망이다. 그런 잡종 사이보그는 순혈주의에 바탕을 둔 '순종' 백인 인종주의를 농담으로 만든다. 남성과학의 패륜아로서 잡종 사이보그는 트랜스, 퀴어들과 친족이 되는 것을 두려워하지 않는다. 사이보그 선언이 '트랜스젠더퀴어가 시대정신이 되었다'고 하는 오늘날 오히려 더 현실적으로 다가오는 것도 그 때문일 것이다.

사이보그의 관점에서 과학적 진리/소설적 허구와 같은 이분법은 유머에 지나지 않는다. 해러웨이의 다양한 지적 변천사를 관통하고 있는 일관된 주제가 과학의 서사성이다. 해러웨이의 시선 아래 (남성)과학은 보편적 진리라기보다 자신들의 이해관계에 따라 해석된 담론이자 허구가 된다. 생물과학자임에도 불구하고 해러웨이에게 '객관적 사실'은 내러티브를 가진 허구와 다르지 않다. 과학이 종교의 자리를 차지하고 진리를 독점한 시대에 과학을 허구라고 대담하게 주장하다니! 그녀에게 과학 역시 공상과학 소설Science Fiction과 마찬가지다. 그녀는 사실과 허구를 화용론으로 구분한다. 사실fact은 과거분사이고, 허구fiction는 현재진행형이다. 사실은 과거분사형으로 고정될 때 진리를 담보하는 특권적 지식이 된다. 행위 중에 있는 허구의 반복적인 실행 끝에 더는 움직이지 않을 정도로 고착된 것이 사실이라고 한다면, 허구가 오히려 사실을 발명하는 셈이 된다. 과학은 사실이라는 죽은 지식을 발명함으로써 살아 움직이는 허구적 경험을 박제한다. 그것이 과학이 자신을 진리 담지자로 구성하는 신화적 과정이다. 이런 맥락에서 해러웨이는 과학이 객관

팬데믹 패닉 시대, 페미-스토리노믹스

적 사실을 제공한다는 신화에 페미니즘의 유머와 아이러니로 응답한다. 그런 이유로 나는 해러웨이의 과학적 저서 또한 사변적 소설이라고 일 컫는다.

해러웨이에게 사회주의 페미니즘은 사이버 페미니즘과 다르지 않 고 그런 사이버 페미니즘의 핵심에 사이보그가 있다. 해러웨이에게 SF 는 사이보그의 서식지이자 공급처다. 해러웨이에게 두 문자 SF는 다양 한 스펙트럼을 포괄한다. 과학소설Science Fiction, 과학적 사실Science Fact, 사 변적 미래Speculative Future, 사변적 우화Speculative Fables, 사변적 작화Speculative Fabulation, 과학 판타지Science Fantasy, 사변적 허구Speculative Fiction, 사회주의 페 미니즘Socialist Feminism, 실뜨기 놀이String Figure, 여기에 이르기까지So Far 등. 그녀의 SF는 무한히 확장될 수 있다. 그녀는 자신의 사이보그 상상력을 SF 작가(어슐러 르 귄, 조애나 러스, 옥타비아 버틀러, 본다 매킨타이어 Vonda McIntyre, 제임스 팁트리 주니어, 마지 피어시Marge Piercy 등)들의 소설 에서 차용한다. 해러웨이는 여성이 살아가는 현실의 변혁 가능성을 SF 적인 상상력에서 찾는다.

해러웨이가 말하는 괴물적, 키메라 담론은 경계 위반의 사이보그적 글쓰기다. 그것은 유색 여성들의 언어정치이자 그들의 언어를 공용화폐 로 만들기 위한 전략이다. 남아메리카 대륙에서 페미니스트의 시조 어 머니는 사생아들의 조상이자 언어적 혼혈이고 민족의 배신자인 말린체 Malinche이다. 체리 모라가Cherríe Moraga의 소설이 모델로 삼고 있는 말린체 는 멕시코를 정복한 스페인 군인 코르테스의 정부이자 통역관이고 민족 의 배신자라고 알려져 있다. 부모가 자기 딸인 말린체를 공물로서 코르

테즈에게 바쳤음에도 불구하고 말이다. 말린체의 언어처럼 모라가의 언어 역시 스페인어/영어/토속어가 뒤섞인 키메라 언어다. 모라가 또한 이성애 남성의 성적 지배에 복종하지 않는다는 점에서 자민족 남성을 배신한 레즈비언이다. 그들은 민족국가, 종교, 젠더, 계급 온갖 범주를 가로지르는 퀴어들이다. 체리 모라가와 글로리아 안잘두아Gloria Anzaldúa가 공동 선집한 ≪나의 등이라고 불리는 이 다리This Bridge Called My Back≫는 가난한 유색 퀴어 여성들의 연대로 가능해진 글쓰기의 한 모델이다.

사이보그 윤리에서 진리/허구의 경계가 허물어진 것처럼, 해러웨이에게 여성/남성/인간의 성 역할 구분과 젠더 범주 구별들 역시 부질없는 것처럼 보인다. 새 시대의 희생자이자 승리자이며, 시간을 변형시키는 퀴어들과의 만남, 사이보그 몬스터와의 결합을 미래의 약속이라고 해러웨이는 선언한다. 오로지 '생물학적인 여성'만을 여성에 포함하는 여성 정체성의 주장은 생물학자인 해러웨이에게는 억지에 불과하다. 그래서 그녀에게 퀴어 혼종 뱀파이어, 사이보그는 형제자매가 된다.

〈사이보그 선언〉에서 레즈비언 뱀파이어 서사는 서구 가부장제 기원 신화로서 오이디푸스 서사를 패러디한다. 오이디푸스 서사는 아버지에서 아들로 승계되는 부계 서사다. 부계 서사에서 여성은 스핑크스처럼 제거된다. 하지만 가부장제 사회에서 제거된 여성들은 죽지 않고 뱀파이어가 된다. 해러웨이에 의하면 뱀파이어 이미지는 기독교 부활 서사, 프로이트의 가족 로망스의 패러디다. 그들은 가부장적인 상징 질서에서 자기 장소가 없는 비존재이자 부적절한 존재이며 어둠의 그림자이며 생식하지 못하는 질병이다. 가부장적 사회에서 남성이 사회를 지배한다는 것은 여성이 자신의 목소리를 갖지 못한다는 말이다. 여성화된 젠더의 목소리는 의미화될 수 없고 따라서 비장소/비존재/비가시적이 된다. 체리 모라가의 레즈비언 혼종 3세계 여성들처럼 뱀파이어는 순혈주의가 만들어낸 상상된 인종주의에 대한 반격이자 성차별주의, 동성애 혐오에 저항하는 차이의 존재들이다. 그들은 가부장제라는 숙주를 내파하는 바이러스들이자, 유령적 글쓰기의 공간을 열고자 하는 '여성적'인 열망이기도 하다. 뱀파이어성은 건강한 비장애 이성애 정상성과는 다른 지점에서 퀴어한 친족들이 자신을 드러낼 수 있는 전략적 장소다. 부식과 오염과 혼종을 두려워하지 않는 뱀파이어성은 기괴한 친족들과 보철하고 땜질하는 것을 혐오하지 않는다. 이처럼 온갖 경계와 범주가 해체되고 위배되는 시대에, 부/적절하고 부/적절해진 반려종들의 정치로 전유하려는 것이 해러웨이식 사회주의 페미니스트 정치다.

반려종 선언이 등장한지 15년이 되었다. 그 사이 동물을 대하는 한국 사회의 의식도 변하는 중이다. 이제 동물-산업복합체가 주목 경제의 대상이 되고 있다. 2021년 현재 한국 사회는 고령화와 더불어 급속한 가족의 구조조정과정에 있다. 1인 가구 비율이 4인 핵가족(15퍼센트)을 능가하여 39퍼센트에 육박한다. 반려동물 가구가 천오백만 세대나 되었다. 펫코노미가 성업 중이다. 수많은 반려동물 프로그램이 인기리에 방영되고 있다. 반려견 훈련사인 강형욱은 '개통령'이라고 불릴 만큼 영향력을 발휘한다. 〈반려종 선언〉에 등장하는 네덜란드 환경여성주의자 바버라 노스케Barbara Noske처럼, 강형욱은 폭스테리어 종이 인간을 물어뜯는 일이 벌어졌을 때 단호하게 그런 개는 죽어야 한다고 주장함으로써 한동안 인터넷을 달궜다. 그의 주장은 범죄를 저지른 반려견을 사형 집행하자는 것처럼 들렸다. 그런 주장은 역설적으로 견주와 개의 책임과 권리를 인정하는 것이다. 이제 개를 살해하고 먹는 행위는 소, 돼지, 닭, 양을 잡아먹는 것과는 달리 '식인'행위나 다를 바 없다. 반려견 상실은 가족의 상실에 버금간다. 펫로스 증후군으로 정신과 상담을 받는 사람들이 늘어나고 있다.

사랑을 배신하는 인간들과는 다른 반려견들의 '무조건적인 사랑'에 감동하고 평생의 반려로서 함께 하고자 하는 사람들이 증가한다. 인간과 동물이 함께 사는 생태서식지의 변동에 따라 인간과 동물이 맺는 관계 또한 이처럼 달라졌다. 자기 자식들이나 손녀 손자들을 모임에서 자랑하는 사람이 있다면, 아마도 그들은 기피 인물이 되었을 것이다. 하지만 반려동물에 대한 사랑과 자랑을 늘어놓는 사람들을 우리는 관대하게 인내한다. 아무려면 반려동물보다 인간인 나의 위치가 낫다는 여전한 우월감이 그런 관용을 허락한다. 인간의 저출산 시대, 뱁새의 알을 밀어내고 자기 알을 가져다 놓는 뻐꾸기처럼, 반려견은 인간의 알을 밀어내고 그 자리를 차지하면서 인간과 가장 친화적 관계로 공진화하고 있다.

인간은 생식과는 상관없이 쾌락을 위한 쾌락을 즐기는 유일한 존재인 것처럼 우리는 믿고 있다. 전혀 그렇지 않다는 것이 해러웨이의 관찰이다. 〈반려종 선언〉에서 보다시피 중성화 수술을 한 암컷동물 카옌Ms. Cayenne Pepper과 정력 넘치는 젊은 수컷동물 윌렘Willem de Kooning은 그야말로 다형도착적인 성애를 즐긴다. 둘의 관계는 동물이 생식을 위해서만 성관계를 한다는 인간사회의 신화를 조롱한다. 이들의 에로스는 생식으로 연결되는 이성애적 짝짓기 행동과는 무관하다. 그들의 성애적 놀이는 이성애 재생산을 위한 헤게모니를 조롱한다.

해러웨이의 반려종은 단지 동물권을 주장하는 차원이 아니다. 반려종은 반려견처럼 생물학적인 실체가 아니다. 반려종은 반려동물보다 크고 이질적인 범주이며 유한성, 불순성, 역사성, 복잡성으로 이뤄진 해러웨이식 발명품이다. 반려종은 나와 너 두 종이 서로가 서로에게 타자 되기이자 공생 발생적 관계 맺기다. 반려종은 따로 존재하거나 홀로 되는 것이 아니다. 관계 속에서 상호 구성된다는 점에서 적어도 두 타자가 있어야 반려종은 가능해진다. 이렇게 본다면 반려종은 인간 반려종과 동물 반려종이 서로에게 합체되고 변형되는 사이보그와 다르지 않다. 〈반려종 선언〉에 이르면 사이보그는 반려종의 우산 아래 자매로 자리하게 된다.

해러웨이의 〈반려종 선언〉은 인본주의에서 견본주의로 이행하자는 선언이다. 두 반려종인 인간과 반려견이 서로 타자를 배려하고 공생하는 법을 배우려면 어떤 관계에서나 마찬가지로 훈련, 교육, 능력개발, 노력과 일하기의 가능성을 충족시킬 수 있어야 한다. 동물도 인간과 마찬가지로 행복할 권리가 있다. 인간이 진정으로 동물의 주인 되기는 힘들다. 동물은 인간을 주인으로 만들어주는 과정에서 동물 자신의 권리를 찾게 되고, 자신의 '참정권'을 얻게 된다. 주인과 노예의 변증법처럼 말이다. 동물이 가진 자질을 개발하고 성취를 통해 동물 만족에 도달하는 것이 행복이다. 아리스토텔레스 식으로 말하자면 동물이 자신의 탁월함$_{arete}$에 도달하는 것이 행복인 셈이다.

그러기 위해 해러웨이는 반려견과의 진화, 사랑, 훈련, 품종에 관해서 이야기한다. 반려견이 인간에게 영향을 미치고 그로 인해 인간도 변하는 것이 공진화 과정이다. 반려견을 먹어 치우는 것은 식인풍속과 마찬가지로 끔찍한 짓이다. 한강의 ≪채식주의자≫에서 보다시피 그런 살해행위는 인간에게 끔찍한 트라우마가 된다. 소와 돼지는 아무렇지 않게 잡아먹지만, 개를 먹는다는 것은 그와는 전혀 다른 문제로 다가온다. 그래서 한국인의 야만적인 풍속으로 알려진 식용견을 없애는 방향으로 검토해보라고 대통령이 직접 나서서 말할 정도다. 개는 인간이 그를 가족으로 받아들일 만큼 인간을 순치시키면서 살아남았다. 다른 동물과는 달리 인간에게 영향력과 친화력을 발휘함으로써, 반려견 스스로가 인간의 문화적 밈을 변형시키면서 공진화해왔다.

그것은 사랑의 관계에서도 마찬가지다. 흔히 반려견이 보여주는 충성심과 무조건적인 사랑을 운운하지만, 그런 사랑은 인간 자신의 욕망을 투사한 것에 불과하다. 반려견은 인간이 자신을 성찰하는 거울이거나, 자아의 표현수단이거나 나르시시즘의 확장이 아니다. 훈련의 경우, 그레이트 피레니즈와 같은 가축 파수꾼 품종과 보더콜리와 같은 목양견들은 어린 시절부터 훈련을 통해 가축을 지키고 양몰이 하는 법을 배움으로써 자기 일을 가지게 된다. 그래서 인간의 '애정의 경제'에 휘둘리지 않고 인간 반려종과 공생하는 능력을 갖추게 된다.

〈반려종 선언〉에서 해러웨이는 반려견 카옌을 폭풍 애정한다. 반려종과 페미니스트 사회주의자, 반인종주의자, 퀴어 동지들과 상상의 코뮌을 형성할 수 있다는 것이 이 선언문의 의미일 것이다. 종을 넘어선 사랑으로 인해 그녀는 카옌과 기꺼이 타액, 바이러스, 호르몬까지 나눈다. 해러웨이에 관한 다큐인 〈도나 해러웨이: 지구 생존 가이드〉(2016)에 이르면 카옌은 치매 노견이 되어 해러웨이의 보살핌을 받는다. 두 반려종은 삶을 나누듯 죽음도 나눌 것이다.

〈반려종 선언〉은 다양한 사건들의 매듭과 포착과 관계 맺기에 의해 가능해진 괴상한 친족 만들기를 주장한다. 생물학적 혈연과는 상관없는 혼종, 잡종들의 관계 맺기라는 점에서 반려종은 괴상한 친족 관계를 구성할 수 있게 된다. 인간/동물/곤충/바이러스/AI(인공지능)/AI(조류인플루엔자)/벌레/퇴비에 이르기까지 관계 속에서 형성되는 반려종은 지구 생존 가이드이자, 망가진 지구상에서 타자들과 더불어 되기becoming with다.

그럼에도 불구하고 반려종 선언은 사이보그 선언보다 사회주의 페미니스트로서의 정치적 입장에서 후퇴한 것처럼 보인다. 1990년대에 이르면 공산권의 붕괴로 희망을 배신당한 서구백인 중산층 지식인 좌파 페미니스트들 상당수가 '사회 보호'보다는 '자아의 배려'로 선회했다. 많은 경우 그들은 타로, 명상, 요가, 영성, 채식주의자, 생태주의자, 그리고 반려동물과 더불어 사는 방향으로 전향했다. 해러웨이의 반려종 선언도 그런 선회의 한 형태처럼 보인다. 반려종 논의에서 핵심인 반려견은 교외에 사는 백인 중산층이 아니면 더불어 살기 힘들다. 서구 좌파 페미니스트들의 '정치적 올바름'과 윤리적 취향이 반려견과 더불어 사는 것이라고 해도 지나치지 않을 것이다.

그와는 반대로 한국 사회에서는 중산층 되기를 포기한 대가로 비혼 반려종 1인 가구가 급증하고 있다. 2017년 보건사회부의 한 연구원은 한국 사회 저출산의 원인을 스펙 좋은 한국 여자들 탓으로 돌렸다. 그는 여자들이 스펙 쌓느라 결혼적령기를 넘기지 않도록 고스펙 여성들에게 불이익을 주어야 한다는 기막힌 대안을 제시했다.[46] 이에 대해 마음이 맞지 않는 한국 남자들과 결혼하느니 고양이의 집사가 되어 살겠다는 것이 '스펙 좋은' 젊은 여성들의 격렬한 반격이었다. 많은 여성들은 결혼으로 얻을 수 있는 중산층의 안정된 지위를 포기하면서 반려동물과 더불어 살기를 선택한다. 비혼 반려가구로 사는 것 자체가 한국의 젊은 페미니스트들의 정치적 선택이 되고 있다.

다른 한편 영화 〈기생충〉에서 보다시피 주인과 동등한 위치인 상류층 반려견들은 하층민들보다 서열상 상위에 위치한다. 인간의 이해관계에 따라 개들의 위계질서도 양극화되는 것처럼 보인다. 반려견, 유기견, 야생견, 식종견하는 식으로. 이처럼 인간과 반려종들 사이의 불평등뿐만 아니라 다른 종들 사이의 불평등 또한 심화되는 것이 신자유주의 시대의 생태 서식 환경이다. 그런 점에서 중산층 중심의 생태정치윤리인 반려종의 한계는 명확해 보인다.

이런 한계를 의식하고 있는 만큼, 〈반려종 선언〉 이후 해러웨이가 지상의 모든 존재와 더불어 되기를 주장하는 방향으로 나가는 것은 당연한 논리적 귀결이다. ≪트러블과 함께하기_Staying with the Trouble_≫(2016)에 이르면 반려종은 퇴비와 벌레, 바이러스로까지 확장된다. 거름에서 생긴 벌레가 변태하여 나비가 되고, 인공지능 AI가 조류인플루엔자(AI)를 교환하기에 이른다. 반려종은 다른 반려종의 유전자와 면역체를 상호 교환하는 공진화 생명체가 된다. 생명체인 원형질에 비생명체인 후형질이 공존하고, 삶의 타자로서 죽음이 공존한다. 썩고 죽고 변태하는 반려종들은 존재의 안무에 동참한다. 그런 불가능성의 가능성을 이야기하는 유토피아적인 사유를 통해 인간/반려종은 존재들의 실뜨기 놀이에 참여하게 된다.

모든 존재와 관계 맺는 과정에서 사이보그-반려종 자매는 이성애주의의 정상성, 자본주의의 생산성, 인간중심주의의 우월성, 여성만을 챙기는 여성주의의 순결성을 인용하면서 파괴하고 균열을 내면서도 공모한다. 그러니 지구의 생존을 위해서라도 인간 아이 생산을 멈추고, 괴상한 친족 사이보그 반려종을 만들자! 그것이 해러웨이의 구호다. OECD 국가 중 최저 출산율인 한국 사회에서 해러웨이의 구호는 이미 여성들의 생존 가이드로 자리 잡아가고 있는 것처럼 보인다.

근본 없는 패륜아들:
미러링과 마녀 되기 ———————

참고문헌이 없다고 통탄하는 한국의 영영 페미니스트에게 해러웨이의 〈지구생존 가이드〉라는 다큐가 참고문헌이 될 수 있겠다는 생각이 들었다. 그녀의 다큐를 보면서 그런 통탄에 응답하고 싶었다. 최근 한국 페미니즘 진영에서 '여성은 여성이다'라는 오래되고 강력한 목소리가 귀환했다. 2015년 이후 생물학적 여성만이 여성이라고 주장하는 래디컬 페미니스트들은, 자기 앞가림도 못하는 주제에 오지랖을 떨면서 계급차별, 트랜스/젠더 혐오, 인종차별, 동성애 혐오, 종차별speciesism, 외국인 혐오 등, 온갖 차별과 혐오로부터 벗어나 만인이 존중받는 자유롭고 평등한 세상을 만들겠다는 '기존' 페미니스트들의 공허하고 위선적인 주장에 실소한다. 그들은 무엇보다 생물학적 여성만을 안고 가겠다고 분명하게 말한다. 강남역 화장실 살인사건 이후 그들은 여성으로서 생존을 최우선과제로 삼았다. 여성으로서 공유하는 경험만으로도 여성들끼리 뭉치기에 충분하다는 것이다. 그들은 여성으로서 경험하는 젠더 불평등과 억압과 피해(성폭력, 데이트폭력, 강간, 낙태 범죄화, 몰카, 젠더사이드, 페미사이드 등)에 저항하는 자발적이고 탈정치적(정치적으로 이용당하지 않겠다는 의미에서)인 운동 세력이 되었다. 한국 사회에서 호주제 폐지 이후 그들이 주도한 혜화역 시위만큼 강력한 여성의 목소리는 없었다.

이처럼 최근 들어 한국 사회에서 '페미니즘'의 지형도가 바뀌었다. 그동안 페미니즘은 교육받은 엘리트(학계) 여성들의 전유물로 간주되고 그들의 이해관계를 대변하는 것처럼 보였다면, 지금 페미니즘 운동은 운동의 주체, 의제, 목표, 미디어 환경 등 모든 점에서 과거와 성격이 달라졌다. 래디컬 페미니즘은 여성 순혈주의 정치에 바탕하고 있다. 여성 순혈주의는 한 세기 전 여성동우회의 선언문처럼 '여성도 인간이다. 우리도 살아야겠다'는 절박한 호소에 의지한다. 절박한 만큼 강력한 추진력을 가진다. 그들의 분노는 '기존' 페미니스트와 기성세대 전반을 향했고, 그런 비판에 응답하려면 '새로운' 상상력과 언어들이 요청되는 시점인 것은 분명하다.

문제는 생물학적 여성은 어떤 여성인가? 여성으로서 여성은 도대체 어떤 의미일까? 그런 '순수한' 자연으로서 여성은 가능한가? 여성은 여성이라는 범주 하나만으로 상호 연대할 수 있는가? 여성을 구성하면서도 서로 갈등하고 불화하는 수많은 범주는 어떻게 할 것인가? 여성은 여성으로 '된다'가 아니라 여성은 여성'이다'라는 주장은 한 번 여성은 영원한 여성이라는 선언처럼 들린다. 이 같은 생물학적 본질에서 벗어나려고 과거의 페미니스트들이 치열하게 싸웠다는 점을 뒤돌아본다면 정말 아이러니한 상황이다. 그렇다면 왜 그렇게 생물학적 여성, 여성성, 모성 등에서 벗어나려고 했던가? 생물학적 여성이라는 이유만으로 정치적 대표성, 경제적 독립, 문화적 인정을 받지 못한 채 차별과 억압을 당해왔다고 보았기 때문이다. 만약 여성이라는 생물학적 이유만으로 차별당한다면, 그로부터 벗어난다면 여성해방이 가능할 것이라는 논리적 귀결에 이른다. 그런데 또다시 생물학적 정체성에 바탕을 두어 페미니즘의 정치성을 추구하는 래디컬 페미니즘이 유령처럼 귀환하고 있다. 사자들은 죽지 않는다. 산 자들의 기억과 애도를 통해 유령으로 끊임없이 되돌아온다.

가부장제에 '패륜적인' 전략으로 귀환한 래디컬 페미니즘의 함성이 들려오고 있다. 2018년 4월 27일 남북정상회담과 더불어 세계 유일의 분단국가인 한국으로서는 그해 역사적인 드라마가 진행되었다. 뒤이은 싱가포르 북미정상회담 덕분에, 문재인/김정은의 3차 회담은 브로맨스로 모에화되었다. 이런 역사적 남북 화해 무드에 찬물을 끼얹으면서, 젊은 여성들이 떼 지어 거리로 몰려나왔다. 그들에게 여성 의제는 계급 문제 이후에, 민족문제 이후에, 북한 비핵화 이후에, 남북통일 이후에, 미세먼지 이후에가 아니라 무엇보다 최우선적인 것이었다. 서북청년단 출신 태극기 집회 노인과 일베 청년이 여성 혐오로 연대한다면, 계급문제, 민족문제, 노동문제, 환경문제가 해결된다고 하여 여성 문제가 저절로 해결될 리 만무하다. 그들은 남북화해 무드로 인해 뒷전으로 밀려난 여성살해, 불법 촬영, 디지털 성폭력을 방관해온 정부를 규탄했다. 불법 촬영 편파 수사를 규탄하면서 시작된 '불편한 용기' 시위는 시위가 거듭될수록 더 많은 '여자 떼거리'(주최 측 추산 7만, 경찰 측 추산 1만 5천)가 거리로 쏟아져 나오도록 주도했다. 한국 사회에서 여성으로서 체화된 두려움과 불안(강간 문화, 몰카, 성폭력, 데이트폭력 등)과 분노와 더불어 메갈리안들은 여성들에게 '불편한 용기'를 내라고 외쳤다.

오랜 세월 경찰은 사이버 범죄를 사생활 혹은 가정사라는 이유로 거의 무대응으로 일관해왔다. 수십 년간 지속된 남성들의 성범죄행위에 대해서는 관대했던 경찰이 홍대 남성 누드모델 사진을 유포한 여성 도촬범을 체포하는 데는 기민하기 이를 데 없었다. 그로 인해 '동일범죄 동일수사'라는 여성들의 집단적인 분노의 목소리가 터져 나오게 되었다. 젊은 여성들의 억눌린 분노는 일파만파로 퍼져나갔다. 수만 명의 여성이 일시에 군집하도록 만든 것은 디지털 원주민으로서 미디어를 활용한 그들의 힘이었다. 여성들이 민족, 국가, 노동, 계급과 같은 의제가 아니라 오로지 여성의 이슈로 이처럼 대규모로 모인 것은 1924년 여성동우회가 천도교회당에 모여 창립선언을 한 이후 최근세사에서는 처음 있는 일이었다. 그로 인해 권명아는 메갈리안들은 단지 인터넷 커뮤니티가 아니라 '여자떼'의 집단적 봉기이자 공론의 장에 여성들의 목소리가 들리기 시작한 것[47]이라고 주장한다. 그것은 여자 문제로 수만 명의 여자들이 거리로 몰려나온 역사적인 사건이었다. '나의 일상은 너의 포르노가 아니다'라는 외침이 시위 현장에서 울려 퍼졌다. '동일범죄, 동일처벌'은 가해자 남성들에게 면죄부를 주었던 한국사회의 가부장제적 행태가 보여준 무지와 둔감함에 대한 여성들의 해묵은 분노에서 비롯된 외침이었다.

불법촬영 규탄 혜화동 시위. 선을 넘지 말아야 할 '여자 떼거리들'이 몰려나온 시위현장[48]

2018년 7월 7일 열린 3차 혜화역 시위에서 "문재인 재기해"라는 구호가 터져 나왔다. 문재인 대통령이 불법촬영 범죄를 두고 "편파 수사 아니다"라고 발언한 데 따른 반발이었다. 그 당시 비폭력적이고 평화적인 여자들이 '어떻게 이런 끔찍한 구호를 외칠 수 있는가'라는 것이 대체적인 반응이었다. '재기해'라는 구호는 2013년 남성연대 대표인 성재기가 한강에 투신한 것에서 '재기해=투신해'라는 의미로 가져온 것이다. '곰'이라는 퍼포먼스는 '문'을 위아래로 뒤집은 형상이다. 따라서 "곰 재기해"는 문재인 재기해라는 구호다. 고 노무현 대통령처럼 투신하라는 것이다. 이것은 일베가 고 노무현 대통령을 조롱하면서 했던 표현이기도 하다. '곰재기해'는 페미니스트 대통령이라고 한 문재인 정부의 둔감한 젠더 감수성에 대한 분노의 표시였다. 그로 인해 메갈리안들은 패륜적인 마녀집단으로 몰렸다.

해러웨이의 논리에 따르자면 메갈리안들의 패륜의 정치야말로 유머

없이 문자적으로 가부장제를 내파하려는 전략이 된다. 가부장제의 재생산에 공모하는 여자들은 '한남 유충'을 낳아서 부계의 연속성을 유지해나간다. 하지만 여자들이 결혼, 출산을 거부한다면 어떻게 되는가? 메갈리안들의 4B(비혼, 비연애, 비출산, 비섹스) 실천이야말로 결혼제도, 성문화, 가족제도를 내파하는 가공할만한 힘이다. 결혼제도에 진입하지 않은 미혼모에게서 태어난 아이들은 아직도 근본 없는 호로자식이 된다. 동성애 혐오에서 보다시피 생식 이외의 성관계가 변태라는 구태의연한 발상은 여전하다.

그럼에도 개자식, 개새끼가 쌍욕이던 시절은 사라졌다. 개훌륭한 시대에 '한남'과 존버하면서 '한남 유충'을 키우기보다 '개'자식을 데리고 싱글로 사는 것이야말로 기존 가족제도의 해체를 가속화하는 것이다. 아이의 생산이 미래의 약속이라고 한다면, 그런 약속을 파기하는 것이야말로 지금과 같은 가부장제에 균열을 가져다줄 수 있는 효과적인 방법일 수 있다. 그것은 약자로서 여성들이 할 수 있는 정치적 실천의 하나다. 여성을 길들여 여성 개인이 아니라 가족의 일원이 되도록 훈육함으로써 가부장적 자본주의는 여성을 무임금 가사노동자로 전락시켰다. 이제 여성들은 결혼과 부계 중심 이성애 가족제도, 자녀 양육, 모성이라는 재생산 미래주의의 약속을 이행하지 않으려 한다. 아이를 원하면 정자은행에서 정자만을 구입해서 '동정생식'을 하기도 한다. 생물학적 혈연 가족 구조변동의 시대 그들은 '변태적이고' 기괴한 친족을 구성하고 있다. 이것이야말로 가부장제의 계보와 절단하는 공포의 힘이자 위협적인 실천이다. 누가 그들을 두려워하지 않겠는가. 그런 이유로 메갈리안들은 적극적으로 마녀 되기에 가담하고 있다. 그들을 마녀화하는 가부장 사회에게 '그래, 나 마녀다, 어쩔래'라고 되받아치면서.

그렇다고 그들은 마녀집단으로 내몰린 희생양이 아니었다. 자신들을 마녀화하는 사회에 맞서 적극적으로 마녀 되기를 실천한 집단이었다. 메갈리안들의 미러링은 한남을 비춰주는 거울 역할만 한 것은 아니었다. 여성들도 언제든 가해자의 자리에 설 수 있다는 것 또한 보여주었다. 사냥감이 사냥하는 자가 되고, 잡아먹히는 자들이 잡아먹고, 피식자가 포식자가 되는 것은 한순간이다. 그들은 자신들이 벗어나고자 했던 약자의 자리에 또 다른 약자들을 떠밀어 넣었다. 그로 인해 역사적 잔존물로 간주되었던 트랜스 배제 래디컬 페미니즘(TERF)이 재소환되었다. 생물학적 남자는 물론이거니와 남자의 흔적을 가진 트랜스 여성들은 여성의 안전에 위험한 존재다. 그러니 생물학적 여성만 참여하라는 시대착오적인 '순혈 여성들'만의 시위가 현실이 되었다. 여성 순혈주의는 이미 자기 안의 오물과 찌꺼기를 외부 타자의 탓으로 혐오하고 비난할 준비가 되어 있었기 때문이다. 그것이 메갈리안들의 미러링이 보여준 아이러니다.

반려종과 더불어, 난잡한 친족 만들기

해러웨이는 《사이보그 선언문》에서 오이디푸스 서사를 패러디하면서 아버지-아들의 순수 혈통 가족에 패륜적인 친족 만들기를 제안한 바 있다. 해러웨이가 말하는 사이보그는 슈퍼보철 인간/여신이라기보다 일종의 괴상한 친족odd kin이다. 부계 혈통, 생물적 혈연, 유기체의 신체를 넘어서trans 있는 혼종 보철로 땜질한 반려종이다. 페미니즘의 새로운 친족 만들기는 자본주의 너머를 상상할 수 없는 '자본세Capitalocene' 시대, 모든 것을 인간중심으로 재편하는 '인류세Anthropocene' 시대에,[49] 인류가 장기지속적으로 살아남을 수 있는 거의 유일한 대안처럼 보인다. 날마다 지구 행성 위의 다양한 종들이 멸종되고 있다. 멸종되는 존재들을 자기 안에 합체함으로써 혼종으로서 공생을 도모하는 것이 퇴비세Chthulucene이다. 지구 행성의 거의 모든 존재들의 생존은 '퇴비세'에서 가능해진다. 해러웨이에 따르면 '싸닉chthonic'은 일종의 거름이다. 그것은 땅 속에서 부식되고 부식토에서 벌레가 생기고 나방이 나오고 나비가 날면서 서로 얽히고설키는 존재들의 안무이자 '두터운 지금'의 이야기다.

이렇게 말하면 해러웨이가 생태주의자처럼 들릴 수 있다. 생태주의가 기원으로서 자연을 복원하는 방향으로 귀환하려 한다면, 그런 순수한 자연은 없다고 본다는 점에서 그녀는 생태주의자와 결을 달리한다. 생성 중이고 파괴적인 지구의 존재자들. 그것은 일종의 거름이자 부식토이며 벌레이고 세균들이다. 여기서 접미사 '-cene'은 '시대', '지금'을 뜻한다. 그래서 해러웨이에게 '두터운 지금a thick now'의 시간을 산다는 것은 단지 현재의 시간이 아니다. 지상의 모든 존재가 더불어 함께 한 과거의 시간이 미래에서 귀환하는 지층이라는 점에서 두터운 현재가 된다. 이들 친족들과 어떻게 공존할 것인가를 고민하는 허황된 사기꾼 요술쟁이 숲속의 마녀로서 그녀가 지금껏 들려준 온갖 SF들에 주목해보는 것은 그래서 의미가 있다.

그녀는 새로운 친족과의 유대를 보장하는 도시의 새로운 설계, 제도적 장치가 가능한 테라폴리스terrapolis를 제안한다. 인간이 동물의 영토를 전부 장악하고 다양한 식물 종의 성생활을 방해하는 지금, 그들이 살 수 있는 공간이 거의 없기 때문이다. 해러웨이가 낭송한 카밀 이야기야말로 괴상한 친족 행위자actor들이 공존하면서 접속하는 테라폴리스 이야기다. 그곳은 인간/기계, 유기체/무기물, 젠더들/사이, 민중들/사이, 생명체들/사이, 산 것/죽은 것들 '사이'의 목소리를 발명하는 공간이다.

카밀 1이 사는 테라폴리스에서 아이의 출산은 엄격하게 제한되어 있지만 부모 역할은 공동체 누구나 할 수 있다. 카밀 1은 다수의 부모를 가진다. 이는 마지 피어시의 ≪시간의 경계에 선 여자≫의 상상력이 차용된 것처럼 보인다. 여기서 퀴어 가족은 비정상적이고 괴상한 것이 아니라 자연스럽다. 그곳에서는 언제든지 젠더 전환이 가능하다. 알 엄마,

자궁 엄마, 양육 엄마가 전부 다를 수 있기 때문이다.

성별은 선택적이다. 태어난 아이들은 자기 성별을 스스로 선택할 수 있으며 다른 동식물을 동반종으로 선택하면서 공생제작sympoiesis한다. 성을 재지정하는 것에 혐오를 느끼는 우리 사회에서와는 달리 카밀의 퇴비공동체에서는 유전적 변형 시술을 통해 동물, 식물, 해저의 해파리 등 무엇이든 혼종합성 변신할 수 있다. 좀 더 자란 카밀은 멸종 위기에 처한 왕나비와 공생하면서 나비 더듬이와 같은 수염을 기른 여성남성이 된다. 그/녀는 나비의 더듬이 같은 촉수로 세계를 예민하게 촉감한다.

사변적 우화로 ≪트러블과 함께하기≫에서 해러웨이는 지구생존 가이드를 위한 일종의 페미-스토리텔링을 제안한다. 카밀 스토리는 인간과 비인간 파트너들과 더불어 새로운 서식지에 씨를 뿌리며 세계 짓기를 하는 이야기다. 해러웨이의 사변소설은 유토피아와 같은 멸균 서사가 될 수 없다. 카밀 공동체는 텅 빈 대지가 아니다. 그곳에는 여전히 강력한 식민주의, 종교적 복고주의 등의 저항이 격렬한 곳이다. 유토피아 거주민들과는 달리 퇴비의 아이들은 흠집과 오염과 부패로부터 시작했다는 사실을 은폐할 수 없다는 점을 알고 있었다. 그런 오염과 부식이 외부의 비체화된 타자들(이주민, 외계인, 부랑자들, 약물 중독자들)에게서 기인한 것이 아니라 자기 안의 감염원carrier과 더불어 여행하는 인간들의 모습이라는 점을 인정한다. 계급, 피부색, 카스트, 종교, 세속주의, 지역주의, 국가주의가 서로 감염시키고 불화하면서 살아야 한다는 조건을 인정한다는 점에서 카밀 스토리는 유토피아 소설이 아니다. 그곳은 삶과 죽음, 공존과 불화를 통해 공진화, 공제작 창조성sympoetic creativity을 발전시키는 방향으로 수렴해나가는 공동체다. 현재의 모든 모순과 갈등과 낙인을 안고 갈 수밖에 없는 공동체가 오염 없는 세계가 될 수 없기 때문이다. 오염, 갈등, 불화로 삐걱거리는 가운데서 카밀 스토리는 지구와 비/인간들 사이에서 상호공존과 상생을 모색한다.

카밀 이야기는 해러웨이가 밝히다시피, 2013년 이자벨 스탕제르Isabelle Stengers가 주관한 〈사변적 이야기〉 워크숍에서 주어진 과제로 작성된 것이다.[50] 과제인즉 지구 행성의 500년 생존 기획에 관한 사변적 글쓰기를 해보라는 것이었다. 워크숍에 모인 학자, 예술가, 작가들은 지구 행성이 앞으로 500년을 버틴다는 것은 불가능하다고들 말했다. 지금과 같은 탄소배출 속도로 본다면 인류가 무슨 수로 500년이나 지구상에서 존속할 수 있단 말인가? 인류가 당면한 최대의 위기인 기후재난을 피할 수 없다는 점에서 인류의 미래는 암담하다고 그들은 예측했다. 날마다 무수한 종들이 죽고 사라지는 마당에 과연 인간이라고 하여 지구상에서 소멸하지 말라는 법은 없지 않은가. 주최 측은 바로 그렇기 때문에 지구 행성의 지속가능성에 대한 사변적 이야기를 궁리해보라고 요청했다. 이때 해러웨이가 제안한 SF가 퇴비공동체의 아이들인 카밀 스토리다. 지구 행성은 인간중심주의로는 더는 버틸 수 없다. 휴머니즘humanism의 어원인 humus에는 퇴비, 거름이라는 뜻이 있다. 비유적으로 인간은 흙으로 빚어졌고 흙으로 돌아간다. 흙 속에서 변태되어 나오는 온갖 씨앗들,

애벌레, 나비들, 버섯들, 균사들, 인간의 씨앗은 서로 두껍게 얽혀 생존한다. 인간이 지상의 수많은 종을 절멸시켰으므로, 그 대가로 이제 멸종 위기에 처한 다른 종을 자기 유전자에 보존해야 할 의무가 있다. 2100년이면 인구는 100억 명에 달하게 된다. 인간의 생산을 줄이고 지구 행성에 존재하는 다른 종들을 인간이 안고 가는 수밖에 없다. 다른 종들과 공생 혼종인 심차일드symchild로서 인간은 간신히 살아남을 것으로 예측된다. 사이보그 반려종 퇴비의 아이들은 지금의 인간 모습과는 전혀 다른 퍼per가 된다. 이것은 영어에서 인칭대명사 she/he 대신 사람person을 나타내는 퍼per로 바꾼 것이다. 여기서 son을 떼어버린 것은 가부장적 사회는 아버지-아들의 연속적인 계보로 구성되는 바, 그런 관습적 계보학에서 벗어나기 위한 해러웨이식 유머처럼 보인다. 멸종 위기에 처한 왕나비를 공생자로 선택한 카밀 1의 경우, 카밀은 왕나비의 촉수와 같은 수염을 가지게 되고 왕나비처럼 예민한 촉수의 감각을 지니는 혼종으로 변태되기 때문이다.

그리스 신화에서 신들은 수호 동물과 수호 식물을 가지고 있다. 헤라 여신은 공작새를 반려종으로, 아테나 여신은 올리브 나무를 반려 식물로 가지고 있다. 그와 유사하게 카밀도 공생자로서 동물과 식물을 가진다. 그것이 멸종하는 종들을 보호하고 인간과 다른 종들과 함께 할 수 있는 방법이다. 퇴비공동체에서는 정상성, 장애, 트랜스/젠더와 같은 개념은 사라진다. 카밀 족people에게 젠더는 선택적이다. 유전자 성형, 의료적 수술로 육체는 쉽게 변형할 수 있다. 심차일드들(동물과 유전자 합성으로 만들어진 공생 아이들)은 동물 공생자를 유전자에 첨가하고 그런 동물의 성질을 갖게 된다. 마치 본다 매킨타이어의 ≪슈퍼 루미널Super luminal≫에서 잠수부 오르카가 유전적 변형을 통해 범고래와 친족이 되는 것처럼, 카밀은 왕나비와 괴상한odd 친족이 된다.

해러웨이가 그리는 페미니스트 우화는 500년에 걸친 카밀 5세대에 관한 것이다.[51] 카밀 공동체는 이미 몰락한 선주민들이 간신히 남겨놓은 생존 방법들을 다시 읽히고 배우고 복원함으로써 훼손된 지구서식지를 복원하려고 한다. 그것은 미야자키 하야오의 〈바람계곡의 나우시카〉, 멕시코 사파티스타, 원주민 설화, 민담, 이누이트의 예술가, 가수 등 그야말로 먼 과거에서부터 여행하는 이야기들을 실뜨기처럼 엮어 짠 조각보 이야기다.

■ 카밀 1세대 (2000-2100)

2020년 다양한 계급, 인종, 종교 전통을 가진 300명의 사람들이 뉴골리로 향한다. 정착촌 이름은 착취 받고 훼손된 골리를 기념하기 위해 뉴골리New Gauley라고 명명했다. 석탄채굴로 완전히 망가진 그곳의 땅과 물과 대기를 복원하기 위해서다. 푸른 초원이 펼쳐진 이상향으로 들어간 것이 아니라 이미 폐허가 된 곳으로 그들은 이주한다. 묵시록이니 구원 서사로 세계를 깨끗하게 쓸어버리는 '멸균 서사'는 불가능한 환상이다. 그래서 그들은 훼손된 세계에서 트러블과 함께 머문다. 이 시기 동안 급격한 환경파괴, 기후변화, 전쟁, 인구증가(100억), 인간·비인간을 막론하고 피난처 없는 난민들이 폭증했다. 이 시기 다양한 공동체들이 생겨났고 이들이 퇴비공동체compost communities다. 이들은 자신을 퇴비주의자들compostist라고 불렀다.

2025년, 처음으로 동물 공생자와 접속한 아이가 탄생한다. '피per'들은 새로운 공생자이자 유전자 변이 자매들을 받아들인다. 그들은 기후 위기로 소멸되는 종들의 유전자와 합체하여 자기 안에 그들 종과 더불어 사는 책임과 의무를 배운다. 다른 종과 공생자로 사는 법을 배우는 것이 처음에는 쉽지 않을 것이다. 하지만 훼손된 대지를 개선하고 다양한 종과 함께 살기 위해서 공생자로 사는 것은 '퍼'들의 의무이자 책임이었다.

카밀 1은 멸종 위기에 처한 왕나비 유전자와 합체한다. 지구상의 인구가 마침내 3분의 2로 줄었다. 그들은 퇴비공동체의 영주권과 시민권을 받고 퇴비주의의 아이들이 된다. 새로운 홈에서 이들은 전쟁, 학살, 생태 파괴에 의지하기보다는 모험, 호기심, 욕망으로 새로운 종들과 관계했다. 2300년에 이르면 지상의 10억 인구가 다른 크리터critter들과 새로운 공생자 관계로 결합하게 된다.

■ 카밀 2세대 (2085-2185: 95억 명에서 80억 명으로 감소)

카밀 2세대부터 멕시코 중부의 마자후아 부족들이 이야기의 핵심이 된다. 퇴비주의자들은 앵글로-스페인계 식민주의자들과 미제국주의자들의 주도로 식민화된 그곳에서 훼손된 것들을 회복하려고 투쟁한다. 20세기 후반부터 21세기 초반까지 거대한 수로 전환 프로젝트가 이 땅에서 진행되었다. 멕시코시티는 원주민의 땅에 있는 호수, 강으로부터 소중한 물을 뽑아내고 끌어다 사용했다. 이 프로젝트는 원주민들의 삶을 완전히 피괴했다. 이 벨트에서 사는 사람들은 극빈으로 시달리다가 도시로 흘러 들어갔다. 그들은 삶의 터전을 잃었다. 카밀 2는 만신창이가 된 마자후아 땅을 외면할 수가 없었다. 카밀 2가 그곳에 머무는 동안 투쟁은 계속되었다. 공제작 왕나비 생명체 인간과 비인간들 모두 산 자와 사자들이 흘리는 치유의 눈물을 마셨다.

■ 카밀 3세대 (2170-2270)

카밀 3세대에 이르러 퇴비주의 공동체의 3분의 2가 동물 공생자들이 되었다. 카밀 3은 50세다. 이 세대는 환경 정의에 의해서 인간 숫자가 감소하고 있었다. 이제 지상의 패턴은 가난한 자들을 선호했다. 패턴은 바이오다이버스biodiverse다. 그것은 자연사회 생태 시스템을 선호하고, 취약한 생명체를 선호했다. 그것은 150년 동안 퇴비주의의 투쟁으로 만들어낸 패턴이었다. 퇴비세의 유산은 상속되고 강화되었다. 대규모 에너지 기업과 대자본은 끝나지 않았지만 그래도 물결은 이제 퇴비공동체가 지향하는 방향으로 흘러가고 있었다.

퇴비친화적인 테크놀로지 혁신, 창조적인 제의, 심오한 경제적 재구성, 정치적 통제의 재형태화, 탈 군사화 등이 생태, 문화적 정치적 복원에 영향을 미쳤다. 퇴비주의자들의 실천에 의해서 인간성/동물성이 기본적으로 변형을 거쳤다. 그들이 다수가 되었다. 카밀 3세대에 이르러 서구 철학과 정치학의 관행에 의존하지 않는 스토리, 신화, 공연이 힘을 얻게 되었다.

■ 카밀 4세대 (2255-2355)

새로운 바이러스 질병의 영향으로 왕나비가 이주하는 것을 카밀 4는 목격하게 된다. 왕나비의 상실과 이주로 인해 삶과 죽음의 무늬와 패턴이 소멸되는 것을 보아야 했던 카밀 4는 카밀 5에게 과거와 다른 길을 선택하도록 한다. 2340년 85세가 된 카밀 4는 15세가 된 카밀 5의 성인 입문에 응답response했다.

카밀 4 시기는 캐나다 이누이트 가수 타냐 타가크Tanya Tagaq의 2014년 앨범 〈애니미즘〉을 모델로 삼는다. 북아메리카 대륙 선주민들의 지혜는 SF적인 상상력으로 귀환했다. 메트로폴리스에 비건으로 살면서 동물의 살해를 막겠다는 시위가 이들에게는 부질없는 소리로 들린다. 사자는 연어가 된다. 연어는 미래의 약속으로 귀환한다. 존재는 상호전환한다. 그들은 먹고 사냥하고 죽고 산다. 삶과 죽음, 갈등과 공감이 공존하는 곳이다. 2014년 폴라리스 음악 시상식에서 타가크는 물개 가죽옷을 입었다. 그녀는 이누이트의 사냥을 긍정한다. 그녀의 애니미즘은 유물론적 세계를 공연하는 것이다.

이누이트 가수 타냐 타가크의 2014년 출시된 〈애니미즘〉 앨범 표지

■ 카밀 5세대 (2340-2425: 인구 40억 명에서 드디어 인구 30억 명으로)

카밀 5는 사자들의 대변자Speaker for the Dead가 된다. 샤먼으로서 카밀 5는 기억을 통해 과거를 애도함으로써 죽은 자들의 목소리를 대변하고 치유하는 자이다. 대농장세, 인류세, 자본세에서 인간/비인간의 살해를 애도함으로써 그들을 잊지 않고 기억한다. 그들의 과제는 애도를 통해 치유를 강화하는 것이다. 카밀 5에 이르러 수많은 종이 소멸하였다. 그런 만큼 사자들의 대변자는 소멸된 것들을 애도하고 마음과 심장을 충전시켜주는 과제를 수행한다. 2400년 산 자와 죽은 자들은 소소한 기쁨과 함께한다. 그렇게 하여 퇴비공동체는 지구 행성을 보존하면서 지상에서 살아남았다.

이성애 규범 정상 가족으로는 지구 행성의 존속은 불가능하다. 장차 인구가 100억에 달하면 지구 행성은 더는 버틸 수 없다는 것이 과학계의 진단이다. 카밀 이야기는 지구상에서 혈연의 아이 생산은 중단하고, 소멸되는 다른 종들과의 합성과 공제작을 통해 살아남는 지구 생존 이야기다. 카밀 공동체는 인류세, 자본세, 대농장세가 망쳐놓은 곳에서 생명체를 재생시키고자 한다. 퇴비공동체는 물, 공기, 땅을 황폐화하는 자본세의 채굴 시스템을 변화시키고 훼손된 지구의 생존기술을 오래된 신화, 애니미즘, 샤머니즘, 사자들의 서, 원주민 이야기에서 배운다. 그들의 치유의 에너지와 활동은 지구사랑으로 촉발되었다. 대량학살과 파괴 가운데서도 사랑과 분노는 치유의 싹을 포함하고 있다. SF 카밀 이야기는 지구 행성이 지속 가능하려면 인간과 공생자들이 상호 공존하는 법을 서로 배워야 한다는 것에 관한 우화다. 카밀 우화는 지구 행성과 더불어 지상에서 살아남는 방법으로서 페미-스토리텔링에 바탕을 둔 페미니스트 페다고지를 실천한 것이다.

5장

사변소설로 만나는 페미-스토리노믹스

왜 사변소설인가?

반다나 싱의 사변소설 선언문

페미-스토리노믹스: 페미니스트 페다고지

왜 하필 사변소설speculative fiction인가? 사변이라는 말은 그다지 긍정적으로 들리지 않는다. 경험이나 사실에 근거하지 않고 자기 머릿속에서 일어나는 관념들을 그럴듯하게 나열하는 것으로 흔히 폄하되었기 때문이다. 특히 유물론의 관점에서 '사변적'이라는 말은 비판적이고 부정적으로 사용되었다. 사변소설이라는 용어는 ≪스타쉽 트루퍼스≫로 유명한 미국의 SF 작가 로버트 A. 하인라인Robert A. Heinlein이 1947년에 처음 사용했다. 1960년대에 이르면 새 물결 현상의 하나로 기존의 SF를 SF(사변소설)로 지칭하는 추세가 확산되었다. 그렇다면 SF와 SF(사변소설) 사이에 어떤 차이가 있는 것일까? 과학소설이라는 명칭이 있음에도 구태여 SF 페미니스트들이 '사변'소설이라는 문학적 장르를 선호한 이유는 무엇일까? 페미니스트들이 말하는 사변소설은 어떤 것일까?

어슐러 르 귄은 2009년 〈가디언〉지와의 인터뷰에서, 마거릿 애트우드는 SF 작가로 분류되는 것을 달가워하지 않는다고 지적했다. 그녀의 ≪시녀 이야기≫, ≪오릭스와 크레이크≫, ≪홍수의 해≫ 등은 SF가 어떤 것인지를 보여주는 대표적인 작품이다. 그런데도 자기 작품이 기존의 SF 장르에 속하는 것이 아니라면서 애써 부정했다. 애트우드는 자기

소설은 현실에서도 실현 가능한 개연성에 기반해 있다면, SF는 현실에서 실현 불가능한 황당한 일들이 벌어지는 것으로 보았다. 그녀가 SF에 대해 이처럼 협소한 정의를 내린 이유야말로 주류문학계에서 차별받는 문학의 변방으로 추방되고 싶지 않기 때문이라고 르 귄은 비판한다. 간단히 말해 애트우드는 '개연성'의 유무에 따라서 사변소설과 SF를 구별 짓고 있는 셈이다.

르 귄의 발언에 대해 애트우드는 ≪나는 왜 SF를 쓰는가≫에서 변명한다. 1989년 구소련이 붕괴되기가 무섭게 서구세계에서 러시아로 포르노물들이 쏟아져 들어갔다. 애트우드의 ≪도둑 신부≫의 표지는 상투적인 SF 포르노물처럼 보였다. 톨스토이에 신물이 났던 러시아 남성들은 쾌락과 재미를 원해 그녀의 작품을 집어 들었다가 '아 또 속았군' 하면서 쓰레기통에 던졌을 것이라고 말한다.[52] 이처럼 사람들의 머릿속에 SF라고 하면, 공항, 약국, 슈퍼마켓의 진열대에서 집어 들고 심심풀이로 읽다가 쓰레기통에 던져버리는 싸구려 글쓰기로 기억된다. 책 표지부터 SF는 번쩍거리는 금박으로 토성의 고리들, 우주선, 미치광이 과학자, 괴물 같은 외계인, 우주 전쟁 등을 그려놓은 것이 대부분이었다. 애트우드는 SF가 쓰레기 취급당하는 분위기를 바꾸고 싶어 했다. 물론 21세기인 오늘날까지 애트우드의 염려를 이해하지 못할 바도 아니다. SF는 진입장벽이 높은 영문학계에서는 외면 받는 장르였다. 순문학을 지향하는 국내 문예지와 국문학계에서는 때늦은 2016년까지 SF라는 이유만으로 작품성조차 고려하지 않고 퇴짜를 놓았다고 김보영 SF 작가는 토로했다.[53]

그래서 애트우드는 SF와 사변소설을 애써 구분하고자 한다. 애트우드에게 SF는 아무 생각 없는 소년들이나 좋아할 만한 머리통 큰 외계인, 우주 전쟁, 우주선, 로봇, 호러, 판타지 등을 마구 뒤섞어 놓고는 대단한 과학적 사실에 근거한 과학소설인 것처럼 주장하는 것이다.[54] 반면 자신은 과거의 인류가 경험하지 않았던 것을 제시한 적은 없다고 주장한다. ≪시녀 이야기≫에서 길리어드 공화국은 기괴하기 짝이 없는 가부장적 전체주의 국가지만, 그렇다고 하여 과거 역사에서 그런 자취를 찾아볼 수 없었던 것은 아니다. ≪미친 아담≫에서 전개되었던 팬데믹은 코로나 팬데믹으로 인해 '현실효과'를 갖게 된다. 초자연적인 가능성possibility이 아니라 허구의 개연성provability에 바탕을 둔다는 점에서, 사변소설은 SF와 다르다는 것이다.

애트우드가 SF에 부정적이었던 것은 SF의 역사와 무관하지 않다. 20세기 후반까지 지속된 여성 혐오 중 하나가 여자는 머리가 나빠서 수학과 과학을 못한다는 것이었다. 테크노사이언스는 당연히 남성의 영역으로 간주되었다. 여성은 과학에 관한 무지몽매로 테크노포비아technophobia에 빠져들거나 아니면 터무니없는 미신들(뱀이 인간 여성으로 변하는 등)에 빠져들어 곧이곧대로 믿는 존재다. 따라서 과학에 무지한 여성이 과학적 관점에 바탕을 둔 사이언스 픽션을 쓴다는 것은 지적으로 무리라는 것이 중론이었다. 그런 주장을 뒷받침하듯 SF의 황금시대(1930년대-1904년대)에는 남성 작가가 쓴 남성 영웅 서사가 대부분이었다. SF가 미래의 시점과 환경 속에서 과학적인 실험에 기초한 모험과 정복 스토리로 간주되었던 만큼 SF의 작가도 주로 남성이었고 독자 역시 주로 남성이었다. 이런 SF물에서는 애트우드가 주장한 것처럼 등장인물의 생생한 형상화와 개연성은 찾아보기 힘들었다. 영웅적인 등장인물들은 스토리를 이끌어나가는 장치에 불과했다. 백인 남성 작가가 주류였던 이들 장르에 등장하는 여성들은 살아있는 인물이라기보다 상투성 자체였다. 여성 인물은 여성 혐오가 투사된 백치미 트러블메이커이거나 아니면 구원의 여성이거나 치명적인 유혹녀와 같은 이미지였다.

출발부터 SF는 남성 중심의 영역이었고 여성에게 적대적이었다. 립 밴 윙클Rip Van Winkle처럼 보기 싫은 아내의 바가지를 피해 무릉도원으로 시간여행을 한다는 오래된 남성적인 판타지가 '과학적' 외피를 입은 것이 SF였다. SF에서 흔히 등장하는 기계와 인간의 접속, 우주 전쟁과 정복, 공격적이고 지적인 외계인 등은 블록버스터 영화에서도 반복되는 소재였다. 이런 스토리텔링은 기존의 지배와 정복의 주체로서 백인 남성 대 식민대상으로서 타자, 여자 외계인의 이분법을 그대로 반복한다. 백인 남성이 장악했던 기존 SF 장르는 성차별적인 가부장적 분위기를 반복함으로써 여성에게 적대적이고 보수 반동적이었다고 해도 과언은 아니었다.

1950년대와 1960년대는 SF의 '새 물결' 시대였다. 새 물결 운동은 영국 잡지 ≪신세계New Worlds≫의 영향과 밀접한 관련이 있었다. ≪신세계≫는 첨단과학이라는 외피를 입은 하드웨어 SF 대신에 소프트웨어 SF가 등장하는 계기를 마련해주었다. 페미니스트들은 기존 SF에 부착되었던 부정적 이미지를 세탁하면서 사변소설이라는 명칭에 주목했다. 남성 지배적인 SF 영토에 페미니스트 SF의 '공간침입'이 가능해진 것은 젠더, 섹슈얼리티, 인종, 계급, 시민권 등을 핵심 의제로 삼았던 제2 물결 페미니즘의 이론적 지원과 실천에 의지할 수 있었기 때문이었다. 1970년대 이후부터 과학에 대한 엄격한 개념이 완화되면서 계몽주의 이후로 미신(애니미즘, 샤머니즘, 범신론 등)이라는 이름으로 추방된 과거의 '수상한' 과학들이 소프트 과학이라는 이름으로 포함되었다. 그뿐만 아니라 인류학, 심리학, 언어학 등이 새로운 과학의 이름으로 확장되었다. 따라서 단단한 과학의 범주가 느슨해지고 여성 작가들이 SF에 진출할 수 있는 공간과 시장이 열리게 되었다.

제2 물결은 SF를 페미니즘의 정치로 활용하게 된다. SF의 상상력은 현실 가부장 질서가 자연스러운 것이 아니라 얼마나 기괴한 것인지를 드러내는 놀라운 이야기들로 재미와 교훈을 더할 수 있었다. 대중적인 하위장르로 취급받았던 SF를 여성들의 시각으로 낯설게 함으로써 돈벌이와 페미-스토리텔링이 가능하게 되었다. 버지니아 울프가 여성이 글을 써서 독립적으로 생계를 유지하게 된 것이야말로 혁명이라고 불러야 마땅하다고 했던 것처럼, 제대로 교육받지 못하고 가난한 아프리카계 흑인 여성 옥타비아 버틀러가 SF 시장이 아니었더라면 어디서 돈을 벌고 생계를 유지했을까? 소수자 흑인 여성에게 그럴 기회는 많지 않았다. 버틀러가 이야기 배달로 생계를 유지할 수 있었던 것이야말로 일대 사건이라고 할 수 있었다.

어슐러 르 귄은 SF 장르가 현실을 성찰하게 만드는 '사고 실험의 장'이라고 선언했다. 사회적 약자로서 여성들, 장애인들, 성적 소수자들이 차별이 아닌 차이의 존재임을 설득하기 위해 '지금이 아닌 언젠가', '여기가 아닌 어디선가'를 새롭게 사유하도록 해주었다는 것이다.

조애나 러스는 《SF는 어떻게 여자들의 놀이터가 되었는가》에서
'SF를 즐기지 못하는 사람들은 영문학과 교수들뿐이다'라고 비아냥거
린다. 그들은 자신의 특권적 위치를 유지하기 위해 문학적 관습을 물신
화하면서 새로운 상상력을 무시하거나 적대하는 데서 순수문학의 용도
를 찾는다. 말하자면 영문학과 교수들은 고급한 순수문학/저급한 공상
과학소설의 경계를 엄격히 고수하면서, 싸구려 혼종 문학이 신성한 순
문학의 영토로 침입하는 것을 용납하지 않았다는 것이다. 아미타브 고
시Amitav Ghosh가 말한 것처럼 근대는 과학(자연)과 문화가 서로 양극으로
분할되던 시기였다. 근대는 서로 섞이는 것을 견딜 수 없어 했다. 그것
이 근대적 **정화**purification 작업이었다. 문단은 공상과학소설과 순수문학을
엄격하게 구분하고 분류하여 서로 섞이지 않도록 했다. 순수문학이라는
신전에 쓰나미처럼 몰려드는 새 물결을 막으려면, 싸구려 잡종, 혼성체
를 추방해야 한다. 서사 전개의 개연성은 없고 우연성이 남발된 SF 바이
러스는 추방되어야 본격문학의 순수성을 유지할 수 있다.

순수문학에서 거론하는 '사실성'은 부르주아 미학의 합리적 질서에
부합하는 개념이다. 부르주아 질서는 지배계급으로서 그들이 만든 세
계의 합법칙성, 총체적 질서를 중시하면서 자신들의 세계에 혼돈, 무질
서, 우연성이 침입하는 것을 견딜 수 없어 한다. 우연성, 무질서, 소음은
질서정연하고 안정적인 부르주아들의 세계를 흔들어놓기 때문이다. 자
신들이 만들어놓은 안정된 세계 안에서 그들은 스스로 운명을 자유롭게
주조할 수 있고 자연의 주인으로 군림할 수 있는 주체라고 가정할 수 있
었다. 부르주아 미학에서 자연은 인간의 관찰에 몸을 맡긴 채 객관적 대

상이 된다. 자신이 살고 있는 협소한 세계를 리얼하게 그리는 것만을 강조한 사실주의적 개연성은 부르주아 계급 질서를 정당화하는 것이다. 반면 부르주아들의 행위 주체성을 아무렇지도 않게 교란하고 위반하는 것이 SF 장르다. 이렇게 본다면 사실주의적 개연성을 해체해버리는 사변소설이야말로 현실을 낯설게 만드는 '혁신적인' 장르가 된다.

안전하고 안정된 부르주아 미학적 질서를 교란한다는 점에서 조애나 러스는 SF가 여성들에게 중요한 장르이고, 여자들이 가부장제의 자연스러운 질서를 낯설게 하고 변혁할 수 있도록 해주는 놀이터가 될 수 있다고 역설한다. 그녀가 보기에 SF는 중세 우화적 성격을 띠고 있으므로 옳고 그름을 파악하는 교훈적이고 계몽적인 장르다. 그래서 조애나 러스는 SF를 경외와 숭배가 담긴 유사 종교적인 성격으로 규정한다.[56] 조애나 러스에 이르면 사변소설과 과학소설의 경계는 모호해지다가 사변소설의 우산 안으로 과학소설이 들어오게 된다.

SF 장르에 여성 작가, 독자들이 대거 투입되면서 인간/기계, 인간/사이보그, 외계인/비 외계인, 내부자/외부자, 남성/여성 등, 가부장제 이분법의 경계 짓기가 무너진다. 하위공간/하위주체들이 맺는 관계를 살펴봄으로써, 헤게모니 담론의 주변부에 드러난 갈라진 틈새로부터 권력/지식의 공모가 드러나게 된다. 안젤라 카터Angela Carter, 도리스 레싱Doris Lessing, 마거릿 애트우드, 어슐러 K. 르 귄, 제임스 팁트리 주니어, 옥타비아 버틀러, 조애나 러스 등의 사변소설은 가부장제의 익숙한 영토가 아닌 낯선 행성과 다른 우주를 조명한다. 여성의 섹슈얼리티, 욕망, 여성 주체의 문제와 여성적인 공동체에 대한 이야기들이 그 안에서 번성했다. 계급, 인종, 젠더, 섹슈얼리티, 시민권, 장애, 이주민, 난민에 대한 이들의 다른 시각의 제시가 있어서 SF가 여성의 영토이자 재밌는 놀이터로 급진적으로 부상하게 되었다.

애트우드가 SF와 사변소설을 구분하려고 한 것과는 달리 이제 사변소설思辨小說은 대단히 포괄적인 범주와 장르를 아우르는 우산umbrella개념이 되었다. SF가 단순한 공상과학소설에서 벗어나, 테크노사이언스에 구애되지 않으면서 인류의 삶에 대한 사색과 사고의 틀을 확장하자는 의미에서 만들어진 용어가 사변소설이다. 해러웨이 식으로 말하자면 사변소설은 과학적 사실/문학적 허구, 관념적/유물론적인 경계의 구분을 모호하게 하는 것이다. 과거에 익히 알려진 작품으로 르 귄의 ≪어둠의 왼손≫, 밸러드J. G. Ballard의 ≪크리스털 월드≫, 헨리 라이더 해거드H. Rider Haggard의 ≪솔로몬 왕의 보물≫, 올더스 헉슬리Aldous Huxley의 ≪멋진 신세계≫, H. G. 웰스H. G. Wells의 ≪화성침공≫, 조너선 스위프트Jonathan Swif, ≪걸리버 여행기≫, 톨킨J. R. R. Tolkien의 ≪반지의 제왕≫, 메리 셸리Mary Shelley의 ≪프랑켄슈타인≫ 등이 새롭게 사변소설에 편입되게 된다. 그뿐만 아니라 현실과 역사적 기록에서 찾아볼 수 없거나 존재하지 않았던 것들, 혹은 자연이나 현재 우주에서 존재하지 않은 초자연적이고 초월적이며, 미래지향적인 환상, 상상력 등이 전부 사변소설의 범주로 이해된다. 이렇게 본다면 사변소설은 애트우드의 구별 짓기와는 달리 SF라는 단어로 포괄할 수 있는 거의 모든 것들을 망라한다. 해러웨이가 주장하듯 사변소설은 과학소설Science Fiction을 포함할 뿐만 아니라, 초자연적인 소설Supernatural fiction, 슈퍼영웅소설Superhero fiction, 과학환상Science

Fantasy, 심지어 사회주의 페미니즘Socialist Feminism, 사이버 페미니즘Cyber-Feminism, 사변적 작화Speculative Fabulation를 망라한다.

심지어 사변소설은 고대의 작품에서부터 21세기 오늘날의 작품까지도 포괄한다. 고대 그리스의 유리피데스Euripides의 비극 작품, 셰익스피어의 작품까지 포함하기도 한다. 유리피데스의 비극 ≪메데이아≫에 등장하는 메데이아의 탈출은 아테네 시민들에게는 불편하기 짝이 없는 환상적 해결책일 수 있다. 메데이아가 자기 아이들을 죽여 크레온의 딸과 또다시 결혼하는 남편 이아손에게 먹이는 야만적 행위는 코린토스 시민들에게는 개연성이라고는 전혀 없는 '사변적 주작speculative fabulation'에 불과했을 것이다. 대안적인 역사물, 현실과 동떨어진 사변적인 환상에 이르기까지 사변소설이 무엇이든 포괄한다면 사실 그것의 경계를 설정하는 것 자체가 무의미해진다. 이렇게 본다면 사변소설은 경계를 슬쩍 넘어 순문학의 영토를 어느새 점령하고 오히려 순문학을 품고embedded 있는 것처럼 보일 지경이다.

제임스 팁트리 주니어의 단편에서는 '또 다른 곳elsewhere'을 찾으려는 환상이 빈번히 등장한다. 여기서 또 다른 곳은 가부장제의 중력장으로부터 벗어난 유토피아적인 공간이며, 어디에도 없는 곳이다. 이런 우화적 방식으로 여성의 미래를 현재화함으로써, 페미니즘이 상상하는 대안적인 공동체가 어떻게 열릴 수 있을 것인지를 그는 잘 보여준다. 그래서 테레사 드 로레티스Teresa de Lauretis는 "공상과학적으로 가능한 세계를 구성하는 것은 기호학적인 공간의 개념적인 재조직, 즉 물질적, 사회적 관계의 재조직이며 인식론적인 지평의 확장이자, 우리가 현재 살아가고 있는 사회적인 실재에 관한 서사시적인 비전을 제공하는 것"이라 파악한다. 로레티스의 '또 다른 곳' 개념은 새로운 공간 개념을 상상적으로 해결한 것이다. 옥타비아 버틀러는 지배적인 문화의 결을 거슬러 오르고자 한다. 조애나 러스는 젠더와 장르가 갈등을 야기할 때 발생하는 불협화음과 부조화의 쾌락을 탐구한다. 그녀는 장르 안에서 남성적인 욕망에 따라 특권화된 위치에 여성을 종속시키는 방식에 도전한다. 특히 로맨스 장르의 다시 쓰기가 그것이다. 뱀파이어의 이미지를 통해 여성의 섹슈얼리티와 욕망의 시학을 구체화하려는 노력은 안젤라 카터의 단편에 잘 드러나 있다. 또는 모니크 위티그Monique Wittig처럼 레즈비언 공동체로 표상되기도 한다. 이 여성 작가들은 변신과 위반의 시학을 가부장적 사회를 비판하는 문학적 관행으로 사용한다. 이와 같은 환상적인 공간은 프레드릭 제임슨Fredric Jameson의 말처럼 견딜 수 없는 현실을 상상적으로 견디게 만들어주는 이데올로기적 효과일 수도 있다.

그런 공간의 은유가 사이보그일 수도 있고 대체 역사일 수도 있으며 시간 여행자이자 에일리언의 세계일 수 있다. 이때 유토피아는 상투화된 가부장제 담론이 아닌 또 다른 은유를 만들어내는 것과 다르지 않다. 유토피아 공간이라고 하여 가부장제의 오염과 낙인과 차별의 흔적이 없는 멸균상태가 결코 아니다. 과거의 기억과 역사의 상처를 어쩔 수 없이 품고 운반carrier하면서 이주하지 않을 수 없기 때문이다. 그래서 르 귄에게 미래의 세계는 왼손과 오른손을 함께 사용하는 것처럼, 어둠과 빛이, 삶과 죽음이, 자연과 문명이, 여성과 남성이 공존하는 세계다.

반다나 싱의
사변소설 선언문 ———————

　반다나 싱은 ≪자신을 행성이라 생각한 여자≫에서 부록으로 '사변
소설 선언문'을 첨부한다. 싱은 '태초부터 인류는 머리가 열 개 달린 마
귀와 날아다니는 마차와 벼락을 휘두르는 신들에 관해 이야기[57]'했다고
전한다. 신화, 민담, 전설, 메소포타미아 신화인 〈길가메시〉 신화, 인도
의 〈마하바라타〉 서사시 등과 같은 상상력의 산물 또한 싱이 말하는 사
변소설에 속한다. 이렇게 본다면 환상소설, SF, 마술적 리얼리즘, 호러,
뱀파이어, 좀비물, 대체 역사물 등, 판타지와 사이언스의 경계를 흐리는
것들은 무엇이든 사변소설에 속한다고 선언하는 셈이다. 인류 초기부터
만들어진 경전들, 신화들, 그리스 비극, 호머의 서사시, 셰익스피어의
희곡들, 거의 모든 글쓰기가 사변소설에 속한다. 이렇게 주장한다면 사
변소설이라는 장르가 등장하기도 전부터 인류는 이미 언제나 사변소설
을 써왔던 셈이다. 그렇다면 대체 사변소설은 무엇인지 반다나 싱이 제
시한 사변소설의 특징을 살펴보자.

사변소설은 인류가 상실한 경이감, 인간동물, 자연, 우주와의 관계망을 회복하는 데 필수적이다. 〈사변소설 선언문〉은 인류 문화에 왜 SF와 같은 각종 환상 소설들이 필요한지를 설명하고자 한다. 그렇다면 사변소설은 모든 환상, 마술, 우화, 민담, 신화, 지상에 존재하지 않는 것들을 상상한 모든 이야기와 장르를 포함하는 것이 된다. 인간의 유년기처럼 인류의 유년기에 지상의 모든 존재들은 움직이고 말하고 이야기했다. 아이들은 인형, 동물, 나무, 주변의 어떤 사물과도 이야기할 수 있다. 하지만 근대적 사유는 어디나 신성이 깃들 수 있다는 범신론적인 사유를 미성숙한 아이들의 유치한 미신으로 취급한다. 그런 믿음은 성숙한 성인이 되어 각성되고 계몽되면 버리게 되는 어린 시절의 유치한 유산이다. 하지만 신화적 상상과 마법, 주술, 환상 등은 '인간이 자신이 사는 거대한 우주에 대해 품었던 희망과 두려움을 이야기한'[58] 것이다. 현대인은 인간들 사이의 관계'망'을 상실했을 뿐만 아니라 우주, 동물, 식물, 자연과의 교감과도 단절되었다. 우주의 경이와 자연의 마법 등은 무시되고 세상 모든 존재들이 들려주는 이야기들은 어린아이들의 동화에서나 가능하다고 여긴다. 성인이 되었다는 것은 인간만이 행위 주체라는 점을 받아들이는 것이다. 애니미즘과 샤머니즘처럼 타자, 사자들의 행위성 같은 것을 미신으로 치부할 만큼 계몽된 합리적 주체가 될 때, 비로소 우리는 성숙한 인간 이성 주체로 탄생하게 된다.

사변소설은 제도적인 문학계와 아카데미의 무시로부터 구출될 필요가 있다. 학교와 대학에서 경이로운 상상력과 마법의 세계에 관해 전달해줄 **페다고지**가 없다고 한다면, 학생들이 사변소설이 무엇이며 그것이 주는 기쁨과 경이가 무엇인지 알지 못하게 된다. 2015년까지만 해도 제도적인 문학과 아카데미에서 SF는 그다지 설 자리가 없었다. ≪진화신화≫의 작가 김보영은 2015년까지 문예지에서 지면을 얻을 수 없었다고 말한다. 'SF 장르가 감히 문예지를 넘보다니'라는 것이 지배적인 분위기였다. 하지만 김보영은 SF장르에 대한 편견을 허무는 ≪진화신화≫를 내놓았다. ≪진화신화≫에 실린 동명의 〈진화신화〉는 진화의 역설을 신화적 상상력으로 보여준 탁월한 사변소설이다.

그런데 교보문고 통계에 따르면 2017년 이후 국내 SF는 폭발적인 증가세를 보인다. 2017년 교보문고 판매통계에서 9.6%였던 SF물이 2019년 35.7%로 증가했다. 그런 티핑포인트가 아마도 이세돌 9단과 알파고의 대국이었을 것이라고 김보영은 말한다. SF적인 상상력이 현실이 되었다는 점이 대중들에게 그처럼 절실하게 다가온 적은 없었기 때문이다. 게다가 2020년부터 코로나 팬데믹은 SF적 상상력이 언제든 현실로 다가올 수 있다는 불안을 일깨우게 만들었다. 모든 학교 수업이 비대면으로 전환됨에 따라 강제적인 화상 수업이 진행되었다. 이런 상황은 코로나가 아니었다면 상상하기 힘든 풍경이다. 이 우주에서 인간은 하나의 행성에서 살고 있는 미미한 존재다. 그럼에도 인간이 우주의 주인이라고 착각하는 인간중심주의의 폐소공포증에서 벗어나 광활한 우주에서 비록 먼지 한 톨임에도 불구하고 바로 그렇기 때문에 경이와 기쁨과 공포와 마주할 수 있도록 하는 것이 SF적인 상상력이다.

☞사변소설에는 '혁명적인 잠재력'[59]이 있다. 사변소설은 우리를 꿈꾸게 해준다. 옥타비아 버틀러의 단편 〈마사의 책書〉에서 마사가 인류를 바꿀 수 있는 가능성을 잠에서 꾼 꿈에서 찾았던 것처럼 말이다. 그런 꿈을 통해 인간사회가 선택할 수 있는 다른 방식의 삶과 다른 정체성에 대한 공감의 폭을 넓힐 수 있다. 동성애, 장애인, 트랜스젠더퀴어, 비인간동물, 난민들, 무국적자들, 해적들. 사변소설은 독창적인 사고실험을 통해 '만약에if'라는 질문을 던지고 지금 정상적인 것으로 받아들여지는 것들에 관해 회의하도록 해준다. 김보영의 작품에서는 여성과 장애인, 동성애자 같은 사회적 소수자가 차별받지 않는 미래에 대한 희구를 읽을 수 있다. 김보영의 〈지구의 하늘에는 별이 빛나고 있다〉는 외계행성에서 지구로 온 누나가 동생에게 보내는 편지형식이다. '나'는 특수기면증세가 있다. 어디를 가다가 어디서나 의식을 잃고 쓰러져서 잠이 들면 생존이 위험할 수 있다. 부모님은 내가 규칙적으로 의식을 잃는 것을 아직까지 받아들이지 못한다. 내 나이 서른이 넘은 이 날까지 부모님은 '너는 고칠 수 있어' 절대로 포기하지 말라고 울면서 말한다. 그런데 그런 '나'가 낮과 밤이 있는 지구에 당도해보니 모든 사람이 저녁이면 일정한 시간 의식을 잃는다는 사실을 알게 되었다. 지구인들은 규칙적으로 의식을 잃는 잠을, 고쳐야 할 질병이라고 생각하지 않는다. '지구의 사람들은 어둠이 찾아오면 자연스럽게 각자의 방에 들어가 의식을 잃는 시간'[60]을 가진다. 만약 불면이 지배하는 세계가 '정상'이라면, 기면증은 증상이나 장애가 아니라 달콤한 잠이자 꿈이 된다. 안경을 쓰는 것은 장애라고 여기지 않지만 보청기를 끼는 것은 장애라고 간주하는 것처럼, 장

애는 특정한 사회가 어떤 것을 장애라고 만들어내는 것일 수 있다.

사변소설은 재밌다. 싱이 말하는 '재미는 단지 즐겁다가 아니라 우주라는 거대한 무대를 극장[51]으로 삼아 즐기는 것이다. 사변소설의 혁명적 잠재성을 보여준 모델작품으로서 싱의 〈자신을 행성으로 생각한 여자〉, 어슐러 르 귄의 〈정복하지 않은 사람들〉을 참조하고자 한다.

〈자신을 행성이라 생각한 여자〉

〈자신을 행성이라 생각한 여자〉에서 남편인 람나스 미슈라는 아내의 선언에 경악하다 못해 아내가 제정신이 아니라고 생각한다. 아내 카말라가 "마침내 제가 무엇인지 알았어요. 전 행성이에요."[52]라고 선언했기 때문이다. 고위직 공무원으로 퇴직한 권위적인 가부장 람나스에게 그 이전까지 아내의 존재는 가구와도 같은 것이었다. 자기주장이나 자기 목소리는 없고 아내로서 남편의 명령에 따르는 기능만 남은 존재였다. 그런데 카말라가 자신은 인간이었고 여자였고 아내이자 어머니였지만, 그것 말고 나에게 다른 무엇이 있다고 주장하고 나선 것이다. 자신은 행성이고 그 행성의 주인이라고 선언하다니 람나스로서는 환장할 노릇이다.

평생 입었던 사리를 벗어던진 채 벌거벗고 베란다에 서서 태양을 향하는 아내를 보고 람나스는 남성이자 남편으로서 치가 떨리는 수모를 경험한다. 세상의 체면을 생각하니 도무지 견딜 수가 없다. 람나스는 평생 가족을 위해 살았던 자신의 삶이 이런 식의 대가를 치르게 된다는 분노와 자기연민에 사로잡힌다. 이런 치욕적인 삶을 사느니 아내가 차라리 죽었으면 한다. 그는 아내살해 충동에 시달린다. 입을 헤벌리고 잠들어 있는 아내를 목 졸라 죽일까 궁리한다. 그 와중에 아내의 입에서 곧

팬데믹 패닉 시대. 페미-스토리노믹스

충 인간들이 용암처럼 떼 지어 흘러나온다. 아내의 입에서 흘러나온 낯선 곤충 인간이 그를 공격한다. 그는 아내에게 살려달라고 애원하지만 아내는 평화롭게 그것들을 토해낸다. 그 낯선 존재들은 자기 행성에 거주하는 주민들이라고 카말라는 말한다. 자신이 만든 존재이고 자기 영토에 깃들어 사는 존재들이라고. 중국의 기원 신화에 등장하는 여와 여신의 몸에서 구더기처럼 꼬물거리는 인간들이 기어 나오는 것과 흡사하다. 이들 곤충 인간들을 가득 품은 행성으로서 그녀는 이들이 자라는 공간이다.

카말라는 공원에서 아이들에게 풍선을 선물로 주면서 아이처럼 즐거워하다가 서서히 공중으로 두둥실 날아오른다. 온 동네에 남편 람나스의 치부를 드러내듯 하늘로 솟아올라 까마득한 점으로 사라진다.

〈정복하지 않은 사람들〉

어슐러 르 귄의 〈정복하지 않은 사람들〉은 서구 백인 남성들의 정복 주체로서의 '나는 정복한다, 고로 존재한다'를 완전히 전복시킨다. 그것이 화자인 '나'가 기록해둔 옐초 남극 탐험보고서다.[63] 화자인 '나'는 어린 시절 스콧 대장이 쓴 남극 탐험 이야기를 읽고 또 읽고, 직접 탐험에 나서기 위해 대원을 조직한다. 불확실성과 위험이 따른 항해에 여자들이 선뜻 나서기란 쉽지 않다. 병든 부모님을 간호하는 것은 언제나 미혼 딸들의 몫이었고, 사업으로 정신없는 남편도 돌봐야 하고, 하인들에게 맡기지 않는 한 아이들을 키워야 하는 것이 여성의 의무이기 때문이었다. 그런 여자들이 남극 탐험 대원이 되어 출발한다고 하면 누구라도 비웃다 못해 제정신이 아니라고 말할 것이다.

그런데 사실 최초로 남극점을 탐험한 사람은 남자들이 아니라 여자들이었다! 남성들의 역사history 이전에, 역사 아래, 매몰된 지층에는 여성들의 이야기가 화석으로 굳어져 있었다. 역사적으로 완전히 망각되고 역사의 무의식이 되어버린 놀라운 사건들이 오랜 세월 매몰되어 있었다. 여자들의 탐험은 남극의 얼음 속에서 해동을 기다렸다. 언제가 해동되어 기록되고 기억될 날을 기다리면서.

1909년 다양한 국적을 가진 여자들(페루인, 아르헨티나, 칠레인) 아홉 명이 출항했다. 여자들은 명령이 없어도 자기 일을 책임지고 잘 해냈다. 격렬한 논쟁이 있었지만, 논쟁은 행동으로 옮겨지면서 마무리되었다. 그들 일행은 스콧 대장의 탐사대가 세운 오두막에서 머물기로 했다. 그곳은 개판이었다. 남성 탐험대원들의 마지막을 보여주듯, 지저분하고 엉망진창인 무질서가 지배했다. 개똥이 지천이고 빈 깡통은 사방에 흩어져 있었다. 살림살이라는 '무해한 예술'[64]을 아마추어 남자들이 어떻게 알았겠는가!

남성 영웅 서사의 뒷면은 이처럼 야비하고 비참한 경우가 많다. 그들의 영웅적 행위와 업적이라는 것은 지저분한 쓰레기와 무질서를 만드는 것일 수도 있었다. 남극 땅 로스 섬에 발을 디딘 여자들은 그곳을 설계하고 기획하고 건축하고 채광창을 만들어 살만한 곳으로 솜씨 좋게 만들어낸다. 1909년 12월 22일 그들은 마침내 최초로 남극점에 도달했다. 눈은 너무 단단하고 투명하게 얼어서 그들의 발자국은 흔적 하나 남기지 않았다. 그들은 남극점에 도착했지만 '아무런 족적을 남기지 않았다'는 사실에 만족했다. '자신이 처음이 되고자 갈망하는 어떤 남자가 어느

날 그곳에 갔다가 그 사실을 발견하고는 자신이 얼마나 바보였는지 깨닫고 상심할 수도 있었을 것이다.[65] 1912년 노르웨이인 아문센이 '최초로' 남극점에 도달했다고 신문은 대서특필했다. 그러면서도 신문은 잊지 않고 다음과 같은 사실을 덧붙였다. 비록 후세대에게 발자취를 남겨놓지 않았지만, 호기심과 모험심으로 남극점까지 찾아갔던 할머니 세대들의 용기와 자취를 기억해달라고.

정복하는 영웅 서사에서 남성 주체의 최고, 최초에 집착하는 나르시시즘을 이렇게 우아하게 조롱할 수 있는 것이 페미니스트 사변소설이 주는 유쾌한 매력이지 않을까 한다. 그것이 페미-스토리노믹스를 사변소설에서 찾고자 한 이유다.

페미-스토리노믹스:
페미니스트 페다고지

조애나 러스는 ≪SF는 어떻게 여자들의 놀이터가 되었나≫에서 여자들이 자기분야(학계)에서 받는 월급은 야박하고 SF와 같은 과목은 설자리가 없을 만큼 푸대접을 받는다고 분노한다. 대학이 기업이 되고 시장이 된 지는 오래다. 그럼에도 대학은 마치 돈과는 상관없이 우아하게 학문적 연구에 매진하는 것처럼 보인다. 러스는 여성들이 비록 싸구려 취급받는 SF 장르로 돈을 번다고 하더라도, 그것이 여성의 생계유지와 독립을 가능하게 해준다면, 존중받아야 한다고 주장한다. 제도적인 문학계가 그러는 것처럼, SF적인 스토리텔링을 무시하는 데서 우아함을 찾는 짓은 하지 말아야 한다고 러스는 신랄하게 비판한다.[66]

앞서 말했듯 페미-스토리노믹스는 페미니즘+스토리텔링+이코노믹스를 합성하여 필자가 만든 신조어다. 안젤라 카터의 말처럼 '이야기는 힘이 세다.' 삶 자체가 이야기이며 타자의 기억으로 담론화된 역사다. 그것은 스토리텔링을 통해 실격된 자들, 약자들의 이해관계를 협상하고 설득하는 페미니즘의 페다고지를 의미한다. 여기서 이코노믹스라는 말은 협상에 있어서 효과적인 중독과 설득의 기술이자 예술이며, 이야기로 생계가 가능하다는 점에서 페미니즘의 경제학이 된다는 의미다. 간단히 말해 여자들의 이야기가 돈이 될 수 있다는 의미다. 페미-스토리노믹스는 이야기 바이러스로 감염되고 전파되고 확산되어 세계의 변화 가능성을 열어가는 페미니즘의 경제적 전략으로서 강력한 페미니스트 페다고지가 될 것임을 주장하는 것이다.

페미니즘 이론실천으로 확정편향에 사로잡힌 남성들, 그중에서도 특히 젊은 남성들을 설득하는 것은 힘들다. 한 세대 안에서도 다양한 스펙트럼으로 인해 동질적인 집단이라고 말할 수 없다. 그럼에도 미디어가 하는 구분을 따르자면, MZ세대들은 자신의 믿음을 강화하는 정보만을 취득하려고 한다. 어린 시절부터 동등하게 교육받고 성차별을 그다지 경험하지 않은 세대가 지금의 MZ세대들이다. 20대 남성의 경우 한국 사회에서 여성 대 남성의 동일임금 동일노동 비율이 60:100이라는 통계를 제시해도 전혀 받아들이지 않는다. 구조적인 임금 격차, 정치적 배제, 문화적 억압으로 인해 동일한 노동을 하더라도 여성은 남성과 동일한 임금을 받지 못한다. 남성임금을 기준으로 했을 때 남성 대 여성은 100대 67이다. 객관적 수치를 통해 성차별과 불공정을 설명한다고 하여 그들을 쉽게 설득할 수는 없다. 20년 이상 축적된 사고습관으로 인해 새로운 정보를 변경하고 싶은 마음이 일어나지 않는다. 세계적인 통계에 따르면 한국은 성인지 감수성에서 세계 꼴찌 수준이다. 유엔 지수, 다보스포럼, 〈이코노미스트〉지 등에서 말하는 객관적 통계, 정보에 의하면 한국 여성의 지위가 OECD 국가 중에서 거의 최하위에 속한다.[67] 그럼에도 20대 남성들은 페미니스트 정부에서 자신들이 차별받고 있다고 울분을 토한다. 그들은 자신들에게 유리한 정보만을 축적하고 자신의 믿음과 위배되는 정보가 나오면 오히려 가짜뉴스라면서 자신의 믿음을 강화한다. 그러므로 개소리bullshit는 진짜 정보처럼 전파된다. 자신의 믿음을 수정하지 않아도 되고 개소리를 해서 목적을 달성하고[68] 상황을 헤쳐 나갈 수 있다고 믿으면서 안도한다. 아무런 근거 없는 개소리일망정 공동의 적을 만들어내는 쾌감과 소속감이 있기 때문이다.

〈빨간 두건 아가씨〉

설득전략에서 '객관적' 통계 대신 이야기의 경제에 의지하는 것이 나을 수 있다. 그런 서사의 경제가 페미-스토리노믹스이다. 김보영의 SF 단편 〈빨간 두건 아가씨〉가 성인지 감수성에 관한 수백 쪽의 정부보고서나 국제적인 통계보다 힘이 세다. 성별을 마음대로 선택할 자유가 주어진 시대에 왜 사람들은 남성으로 인체합성을 선택할까? 성별 트랜스를 했다고 아무도 문제 삼지 않는 시대가 되자 여성들을 거의 찾아보기 힘들게 되었다. 여자로 사는 것이 너무 불리하고 불편해서 거의 모두가 남자로 신체합성을 했기 때문이다. 그런 시절에 여자로 그저 평범하게 눈에 띄지 않게 살고 싶은 아가씨의 소망은 정말 충족될 수 있을까? 여자가 바깥으로 외출하면 보호해주려는 남성들이 줄을 선 시대에.

아가씨는 주목을 원하지 않는다. 무시당하거나 지워지기를 원하지도 않는다. 그저 자연스러움을 원한다. 자신이 어디에 있든, 어디서 뭘 하든 자연스럽기를. 어느 풍경에 끼어 있든 별스러워 보이지 않기를. 거리를 무심히 걷는 모든 사람들처럼 자연스럽기를. 그게 가능할까. 그런 날이 오기는 할까. 아가씨는 시위를 하고 있다. 평범한 외출하는 것 자체가 우글거리는 남성들 사이에서 위험을 감수해야하는 일이다. 그런 시대에 빨간 두건, 빨간 원피스를 입고 여자 화장실도 찾기 힘든 거리로 나서는 것은 위험을 무릅쓴 시위행위다. 그냥 이대로 여자로서 평범하게 하루하루 살게 좀 내버려 두라는 호소다. 보호해주겠다고 나서는 남자들은, 집 안에 머물러 있거나 장옷을 입고 나와야하는데 '왜 그런 옷을 입고 거리를 나다니느냐'면서 아가씨를 나무란다. 그러면서도 자기는 다른 남자들과 달리 위험하지 않으니 안심하라면서접근한다. 그저 무시당하거나, 지워지지 않고, 걷고, 서고, 뛰고, 쇼핑 할수 있는 그런 일상을 아가씨는 원한다. 그것이 얼마나 불가능한 꿈인지를 너무 담담히 보여주어서 인상 깊은 단편이다.

100명 중 99명이 행복하고 자유롭다고 하더라도 '빨간 두건 아가씨' 단 한 사람의 희생이 있어야 그런 사회가 가능하다면 어떻게 해야 할까? 어슐러 르 귄의 〈오멜라스를 떠나는 사람들〉이 사는 곳은, 모든 사람은탐욕스럽게 자기 이익을 추구한다고 설교하는 자본주의교의 사제들이없는 곳이다. 고통만이 지적인 것이고 악독한 이야기만이 사람들의 흥미를 끌어서 권태와 무관심에서 벗어나게 만든다고 노래하는 시인도 없는 곳이다. 터무니없는 유토피아 사회가 아니라 소박한 풍요, 순수한 지적 호기심, 절제된 소비, 아이들의 종소리 같은 웃음이 날아오르는 곳이자, 먼먼 옛날 동화 속에 나오는 마을처럼 소박한 행복으로 기쁨이 넘치는 곳이다. 그런 곳마저 최대 다수(99명)가 완벽하게 행복한 사회를 유지하기 위한 단 하나의 조건이 있다고 한다면? 햇볕이 들지 않는 지하동굴에 갇혀 고통으로 '짐승처럼' 울부짖는 한 소녀가 있어야 그런 동화 같은 세상이 가능하다면? 성별조차 구별하기 힘들고 인간인지 동물인지조차 알 수 없을 정도로 지적으로 퇴보하고 병약해진 아이가 지하동굴에 갇혀 있다는 것을 사람들은 알고 있다. 그 아이의 고통 위에 자신들의 행복이 유지되고 있다는 사실을 알고 있기 때문에 아이의 고통에 눈을 감는다. 모른 척한다. 그럼에도 오멜라스를 떠나는 사람들이 있다. 오멜라스를 떠나 어둠 속으로 걸어 들어간 사람들은 다시 돌아오지 않는다. 그곳을 떠난 사람들이 마치 그 소녀와도 같은 고통의 자리에 서게 될지는 아무도 모른다. 이성적이고 행복하고 기쁨으로 넘치는 사회라고 할지라도 그런 행복이 '빨간 두건 아가씨' 혹은 오멜라스의 지하동굴에 갇힌 소녀 한 사람의 고통과 무지와 속박의 대가로 얻는 것이라고 한다면 그런 사회는 그에 대한 대가를 지불해야 한다. 누구도 타인의 고통에 무죄가 아니므로.

하인라인Robert Heinlein의 경구처럼 '세상에 공짜 밥은 없다.' 지금 가부장제라는 숙주에 세 들어 살고 있는 여성들은 집세를 톡톡히 물고 있다. 그런 집세를 돈 대신 이야기로 물어내는 것이 페미-스토리노믹스다. 혁명과 변화를 아무런 대가 없이 가져올 수는 없다. 이야기로 접근할 때 기존의 편견으로 굳어진 젠더 무의식에 조금이라도 틈새를 낼 수 있다. 이야기는 소수자의 자리에 주체가 서보는 역지사지의 경험이다. 주체의 존재 자체가 타자에 의해 구성된다는 것을 페미-스토리텔링보다 효과적으로 드러낼 수 있는 장치가 드물다는 점에서 페미-스토리노믹스는 페미니스트 페다고지가 된다.

그간 많은 사변소설 작가들은 빈곤과 차별과 무력감에서 글쓰기를 통해 탈출했다. 글쓰기는 치유이자 자긍심이며 생계가 되었다. 출발에서 힘든 환경을 극복하면서도 페미니스트 시각으로 새로운 세계를 열고자 하는 갈망을 페미-스토리텔링으로 전파했다. 옥타비아 버틀러의 삶과 이야기 자체가 페미-스토리노믹스의 대표적 사례다. 옥타비아 버틀러는 십대에 홀로 된 어머니와 함께 살면서 지독한 가난과 인종차별과 학교폭력과 난독증으로 고통받았다. 열 살 때 한푼 두푼 모은 돈으로 천체에 관한 책을 샀던 아이가 이제 자기 이야기를 제작함으로써 생계가 가능해지고 세상으로부터 존중받게 된 것 자체가 페미-스토리노믹스의 성취다. 그녀의 이야기가 아니었더라면 누가 찢어지게 가난한 흑인 소녀의 목소리에 귀 기울이겠는가. 버지니아 울프는 자신이 역사를 다시 쓴다면 전쟁영웅, 교황, 왕과 귀족들의 이야기가 아니라 여성이 글을 써서 돈을 벌게 된 것을 역사적으로 혁명적인 사건으로 기록하고 싶다고 했다.

반다나 싱은 아이를 낳고 경력단절을 경험했다. SF 글쓰기로 그녀는 페미니즘의 페다고지를 전파하는 시장에서 살아남았다. 이야기는 힘empowering이 되고 돈이 된다. 이야기는 그들에게 자부심과 더불어 살아가도록 만들어주는 생계수단이다. 가난한 흑인여성으로서 당한 차별과 구조적 불평등에 대해 옥타비아 버틀러가 정의의 목소리를 낼 수 있었던 것은 그녀의 이야기 덕분이었다.

재밌고 설득력 있는 이야기로 페미니즘의 페다고지를 전달할 수 있는 목소리가 된다면 일석삼조다. 해러웨이의 이론서를 읽는 것에 많은 시간과 지적 노력을 들여야 한다면, 이야기는 경제적으로 그녀의 이론을 전달할 수 있다. 구체적인 형태의 돈이 되지 않는다고 할지라도 페미니즘의 이해관계를 전파한다는 점에서 이야기는 페미니즘의 정치경제로 작용할 수 있다.

이야기는 기억하기 쉽게 만든다. 잊지 않고 기억하면 변화의 가능성에 열릴 수 있다. 사람들은 살면서 수많은 정보와 지식을 얻지만 시간이 지나면서 대부분 잊어버린다. 하지만 어떤 이야기는 머리에 강하게 각인돼 기억에서 잘 지워지지 않는다. 각인imprint은 우리 뇌에 새겨진 강한 흔적을 말한다. 일반적인 정보나 지식은 우리 뇌에 강하게 각인되지 않는다. 반면에 스토리는 잘 각인된다. 전래민담처럼 입에서 입으로, SNS상에서 전해지는 감염시키는 이야기에는 바이러스처럼 감염시키는 힘이 있다. 극적인 서사가 있다. 그것이 광고시장에서는 바이럴 마켓팅viral marketing이라고 한다면, 페미-스토리노믹스는 이야기로 감염시키는 바이러스 주체를 매개체로 한다.

입소문talk value처럼 이야기는 감염의 효과를 가진다. 이야기 배달꾼은 인간의 삶과 문명을 유지하고 전달하는 주체다. 비유적으로 말하자면, 인간 또한 바이러스적 주체viral subject다. 그런 주체는 대응 능력response-ability 주체다. 바이러스적 주체는 여기서 저기로 이야기를 옮기는 보균자/배달꾼이다. 감염원carrier으로서 이야기 배달꾼carrier이야말로 패러다임 전환을 위한 페다고지가 될 수 있다. 지상의 존재들이 공존하려면 결

여와 실패의 틈새와 다공성porous을 통해 차이와 다름을 배울 수 있는 다른 서사가 필요하다.

〈블러드차일드〉에서는 아이는 여자만 낳는 것이 아니라 남자도 낳는다. 그곳은 재생산이 여성의 본성인 것처럼 강요되고 있는 상황을 낯설게 만든다. 간단히 말하자면 식민화된 지구인들은 이주한 외계행성인들의 알을 품는 숙주 역할을 한다. 지구별에서는 여자가 남자의 알을 품었다면, 여기서는 남자가 외계인의 알을 품어서 낳는다. 배를 가르고 외계인의 아기를 꺼내는 과정은 고통스럽고 심한 경우 목숨을 잃을 수도 있다. 그 과정을 통해 지구인 소년은 외계인의 알을 부화시켜 세상에 내놓는다. 버틀러가 작가 노트에서 말하듯, 외계인이 보호구역에서 테란인들을 보호해주었다면, 무엇으로든 그런 '환대'에 대한 대가를 지불해야 한다. 버틀러는 흔히 이 작품을 노예제도에 대한 비판이라기보다 '숙주에게 모종의 숙박료[70]를 내야 함을 이야기한 것이라고 말한다. 그 숙박료가 여기서는 외계인의 알을 품어주는 숙주 노릇이다.

옥타비아 버틀러의 SF적인 상상력이 현실로 드러나기도 한다. 오스트레일리아에서 한 트랜스남성은 임신을 했다. 돈이 없어서 전환수술을 하지 않고 호르몬 치료마저 중단했던 그는 병원에 가서야 자신이 임신했다는 사실을 알게 되었다. 평소 비만이어서 몸이 부풀어 오른 것을 그다지 의식하지 못했다고 한다. 이 사례는 옥타비아 버틀러의 단편 〈블러드차일드〉에서처럼 여성만이 임신, 출산과 같은 재생산을 담당하는 것은 자연스러운 것이 아닐 수도 있다는 다른 시각을 보여주고 있다.

〈결코 혼자가 아닌〉

〈결코 혼자가 아닌Never Alone〉은 어퍼 원 게임즈Upper One Games 사가 제작하고 이 라인 미디어E-Line Media가 출시한 게임이다. 페미-스토리노믹스에 의거해서 게임을 만든다면 이런 것이 될 수 있지 않을까 싶다. 게임은 폭력적인 중독성으로 유혹하는 것만이 아니라 자연문화 환경 속에서 전래되는 민담의 지혜에 바탕을 두어 소멸해 가는 원주민의 언어와 목소리를 부활시키는 것이 되기도 한다. 이 게임은 이누이트 소녀 누나Nuna가 눈 폭풍 속에서 북극여우의 도움으로 생존 모험을 함께 하고 무사히 집으로 돌아오는 이야기로 진행된다. 누나는 용감한 사냥꾼이다. 눈 폭풍 속 북극여우, 정령의 도움으로 무사히 집으로 돌아가는 여정은 결코 혼자가 아님을 보여준다. '훼손된 지구에서의 생존기술arts of living'을 보여주는 이누이트 전설, 민담, 지혜, 죽은 조상들, 조력자 북극곰을 만난 소녀는 여우의 도움으로 위기를 탈출한다. 여기서 이누이트 원주민 언어, 내레이션, 신화 콘텐츠로 만들어진 게임의 생존 기술이야말로 페미-스토리노믹스의 형태가 된다.

6장

살아남기 트랜스 / 변이체 / 뱀파이어로서

감염, 변이체, 초공감증후군

옥타비아 버틀러: 씨 뿌리는 자의 우화

죽음에 저항하는 글쓰기: 산자의 서

상실, 실패, 취약성으로 연대하기

네가 손댄 모든 것은 변하고

변한 모든 것들이 너를 변하게 만든다.

유일한 불변의 진리는 변한다는 것이다.

신은 변화다God is Change

≪어스씨드Earthseed≫

가난한 흑인 페미니스트 옥타비아 버틀러(1947-2005)는 선구적인 SF 작가다. 1970년대 백인남성 작가가 지배종이었던 SF 영토에서 흑인 여성 작가는 가시덤불에 던져진 씨앗과 다름없었다. 구두닦이였던 아버지는 버틀러가 일곱 살 때 죽었다. 홀로 된 어린 엄마는 백인 가정에서 하녀로 일하면서 딸과 자기 어머니를 먹여 살렸다. 엄마 따라 주인집으로 들어갈 때면 버틀러 모녀는 뒷문으로 출입해야 했다. 엄마가 백인 마님들에게 구박받고 무시당하는 것을 면전에서 지켜보기도 했다. 어린 시절 그녀는 무척 수줍은 성격이라 주변과 관계 맺는 것이 극히 서툴렀다. 학교생활에서 왕따도 빈번히 경험했다. 학교생활은 그녀에게 고문이었다. 자신이 너무나 못생기고, 멍청하고, 아둔하고, 가망 없는 아이라고 여겼다. 그녀에게 유일한 도피처는 도서관이었다. 엄마가 일하러 간 사이 도서관에서 판타지물을 읽거나 쓰면서 시간을 보냈다. 엄마는 주인집에 굴러다니는 동화책을 딸에게 몰래 가져다주기도 했다. 난독증에도 불구하고 엄마를 기다리면서 판타지 소설을 읽고 쓰는 것이 그녀의 유일한 기쁨이자 위안이었다. 쓰라린 가난과 차별의 가시덩굴을 헤치고 십대부터 글쓰기에 매달렸다. ≪씨 뿌리는 자의 우화≫에서처럼, 버틀러는 글쓰기의 씨 뿌리는 자가 되었다. 30대에 이르러서는 낮에는 일하고 밤에는 글을 쓰면서 야간대학에 다니는 투잡족이 아니라 마침내 전업 작가로 생계를 꾸릴 수 있게 되었다. 그녀는 그다지 길지 않은 일생동안 글쓰기의 씨앗을 발아시키고 성장시켜 다음 세대에 열매를 넘겨준입지전적인 인물이다. 페미-스토리텔링으로 생계, 자존감, 명성을 얻었고, 세계와 소통했다는 점에서, 버틀러야말로 페미-스토리노믹스를 구현한 기념비적인 작가다.

작가의 자전적인 경험이 투사된 것처럼 버틀러의 여성 등장인물들은 어떤 상황에서도 살아남기 위해 고군분투한다. 인종차별에 분노하는 백인 좌파들은 흑인들에게도 문제가 있다면서 종종 그들을 비난했다. 정작 차별받는 당사자들은 노예근성에 길들여져 인종차별에 저항할 줄 모른다는 것이다. 백인 마님들에게 굽실거리는 엄마를 보면서 버틀러는 흑인들의 역사에서 그 대답을 찾는다. 엄마가 일자리에서 쫓겨나면 어린 딸과 함께 생존할 수 없다. 남은 가족이나마 건사하려고 그들은 굽실거리면서 비굴하게 타협하고 살지만, 어느 지점에 이르면 용기를 내서 조금이라도 바꿔내려는 시도를 끊임없이 해왔다. 버틀러의 여주인공들은 상상 이상의 육체적, 정신적 학대와 착취를 경험하면서도 다양한 협상 전략을 통해 세계를 변혁한다. 그녀의 작품에서 무수한 죽음을 애도하면서 살아남은 흑인 여성들은 강하고 영웅적인 인물들이다. 자식들이 경매로 팔려나가는 순간에도 노예노동을 하며 버티지 않으면 흑인 여성들은 살아남기 힘들었고 그런 세월이 그들을 단단하게 단련시켰다.

2005년 갑작스러운 죽음으로 전설이 된 버틀러는 아프로퓨처리즘 Afrofuturism[71]의 선구자로서 이후의 흑인 예술가, 뮤지션, 작가들에게 광범한 영향을 미쳤다. 계급, 인종, 젠더, 섹슈얼리티 범주를 망라하여 상투적인 정상성, 규범성을 SF적인 서사와 상상력으로 돌파했던 그녀의 작품들은 21세기에 이르러 인종, 젠더, 퀴어, 장애의 문제에 이르기까지 다양한 해석을 생산하도록 자극하고 있다.

그녀의 SF적인 상상력이 글로벌 양극화, 감염병, 학살, 전쟁, 핵문제, 기후재앙으로 곤경에 처한 지구상의 존재들에게 어떤 미래를 약속하고 있을까? 현재와 같은 '기후 위기는 문화의 위기이고 따라서 상상력의 위기이기도 하다.'[72]라고 아미타브 고시는 신랄하게 비판하면서, 인류가 대혼란에서 벗어나려면 SF적인 상상력에 의지할 수밖에 없다고 진단한다. 코로나 팬데믹 비상사태를 경험하고 있는 인류는 SF적인 상상력이 더는 상상만은 아니라는 점을 절실하게 깨닫고 있다.

SF 장르라는 이유만으로 주류문학과 학계로부터 외면당하고 무시당했지만, 이제 ≪킨≫은 미국대학의 교재로 실리면서 고전이 되었다. ≪킨≫은 망각된 흑인 조상들의 노예 서사를 SF의 시간여행 장치를 통해 전개한 이상하고 낯선 '역사'소설이다. 이 사변소설은 형식적인 측면에서 사실적인 대체 역사소설이라고 말할 수 있겠지만 SF적인 환상이 혼재되어 장르적인 문법을 교란한다. 내용적인 측면에서는 윌리엄 포크너 등이 향수에 가득 차서 묘사했던 남북전쟁 이전의 아름다웠던 남부 귀족 문화가 잔혹한 노예제에 바탕을 둔 것임을 가감 없이 보여준다. ≪킨≫은 ≪바람과 함께 사라지다≫처럼 대중적으로 익숙한 이야기, 즉 온화한 백인 주인마님과 충직한 흑인 하녀와 같은 백인 중심 서사에 가려진 흑인 노예의 역사를 다시 쓴다.

노예 서사의 계보를 잇고 있는 ≪킨≫은 실제로 해리엇 제이콥스 Harriet Jacobs라는 흑인 노예 소녀의 자서전[7]으로부터 버틀러가 영향을 받았을 것으로 짐작된다. 노예해방전쟁이 발발하기 직전 해리엇 제이콥스는 ≪킨≫에 등장하는 흑인 여성 노예 앨리스처럼 백인 남성 농장주의 성적 괴롭힘으로부터 벗어나려고 탈출을 시도한다. 늙은 백인 의사 플린트는 해리엇을 사랑한다면서 강박적으로 매달리고 괴롭힌다. 해리엇에게는 젊은 백인 남성 샌즈와의 사이에 이미 자녀가 두 명이나 있었다. 흑백 인종의 결합이 금지된 시대에도 피는 언제든 어디서든 섞인다. 샌즈가 해리엇을 구매하여 해방시켜주려고 했지만 플린트는 거절한다. 해리엇은 빛도 들어오지 않는 관처럼 밀폐된 할머니 집 다락에서 7년 동안 숨어 지내다 가까스로 북부로 탈출하여 자유를 찾는다. 해리엇이 7년 동안 다락에서 숨어 지낸 것은 플린트가 도망친 여자 노예에게 거액의 현상금을 걸었기 때문이었다. 도망노예법에 따라, 그 시절 도망친 노예를 잡아서 주인에게 넘겨주고 포상금을 받는 사냥꾼들이 도처에 있었다. 기적적인 탈출 과정을 출판(1861년)한 이유는 무엇보다 야만적인 노예

제도로 인해 고통받는 사람들의 이야기를 널리 알리기 위한 것이었다. 노예제도에 시달리던 흑인 여성이 감히 글로서(흑인에게 글을 가르치는 것은 금지되었다) 자기 목소리를 내고 노예제 폐지를 호소하는 것보다 더 나은 혁명적인 실천은 드물 것이다. 소저너 트루스Sojourner Truth, 해리엇과 같은 흑인 노예 여성의 호소에 대한 후세대의 응답이 ≪킨≫이라고 볼 수 있겠다.

1976년 ≪킨≫의 화자인 '나'는 팔이 절단된 채 병원에서 깨어난다. 경찰은 남편인 케빈을 의심한다. 백인 남성과 사는 흑인 여성의 팔이 절단되었다면, 남편의 가정폭력 이외의 것을 상상하기 힘들기 때문이다. 다음 장에서 '나'는 스물여섯 번째 생일을 앞두고 이삿짐을 정리하다 현기증으로 기절한다. 깨어보니 1815년 남부 메릴랜드주 대농장 근처 강가에 쓰러져 있는 자신을 발견하게 된다. '나'는 마침 강에서 익사하기 직전의 아홉 살 난 빨강머리 소년을 구해주게 된다. 이 사건 이후 '나'는 위기의 순간 가까스로 현실로 되돌아오는 시간여행을 반복한다. 이처럼 시간여행이라는 SF 장치를 통해 '나'는 현재에서 과거로 과거에서 다시 현재로 시공간 이동을 한다. 이런 장치는 브루스 스털링Bruce Sterling이 개념화한 슬립스트림slipstream을 역전시킨 것이라도 볼 수 있다. 슬립스트림은 주로 본격문학 작가들이 SF적인 장르적 문법을 차용하는 것을 지칭하기 위해 사용한 개념이다. 그렇다면 SF 작가가 본격문학 장르인 역사소설을 차용한다면 이것은 역-슬립스트림이라고 해야 하는가. 사실 스털링의 정의 자체가 정의되지 않도록 허물고 있는 것이 버틀러의 SF이기도 하다.

이런 장치를 통해 '나'는 망각되고 참담했던 과거의 역사를 기억의 우물에서 길어 올린다. 화자인 '나' 다나는 노예해방전쟁이 발발했던 그 시기와 현재를 오가면서 미국 흑인들의 노예 역사를 아이러니한 시선으로 그린다. '나'는 미래의 자신을 구하기 위해 과거 노예소유주였던 백인 조상인 루퍼트라는 빨강머리 소년을 구출해야 하는 딜레마에 빠진다. 사변소설/대체 역사 소설의 경계를 넘어 현재와 한 세기 전 과거를 평행우주처럼 병치함으로써 현재의 '나'가 존재하기 위해서 오염된 과거를 어떻게 애도해야 하는지 이 작품은 잘 보여주고 있다.

옥타비아 버틀러의 초기 작품들, 패터니스트 시리즈Patternist series, 유전자 변이세대 삼부작Xenogenesis Trilogy 등은 그리스 시대 비극 3부작을 사변소설로 설계한 것처럼 보인다. 패터니스트 시리즈에서 유전자변형으로 증강된 초능력을 갖게 된 지배 계급 인간들은 신적인 특권과 권력을 누린다. 그들에게 속박되어 노예처럼 살 수밖에 없는 보통의 인간들은 신과 같은 주인들에게 굴종하면서 간신히 살아간다. 제3의 존재는 질병으로 유전자 변이체가 된 동물/괴물 클레이아크 집단이다. 이들 군상은 강간, 살인, 약탈, 방화, 전쟁을 일삼는 홉스식 이리들로 변형된 변이체들이다. 절대적이고 타락한 신과 슈퍼 변이체 틈새에 끼어 협공을 당하는 인간의 삶은 비극적이다. 하지만 그들에게서 그리스 비극의 영웅들이 보여준 고전적인 품격은 없다. 취약성과 나약함에도 불구하고 그들이 보여주는 삶의 분투 자체가 재난, 전쟁, 굶주림, 감염병에 맞서서 살아남아야 하는 인간의 모습 자체다. 곤경에 처한 인류의 모습은 아리스토텔레스식으로 말하자면 공포와 연민과 공감을 불러일으킨다. 그들은 마치 그리스 시대의 세계관인 신계/인간계/동물계의 20세기 판본처럼 읽힌다.

노예들에게는 해방을 추구하는 자유의지 같은 것이 있는가? 노예 상태에서 벗어나고자 어떤 대가를 치르고 어떻게 협상하면서 살아남는가? 극한상황에 처한 그들의 삶에서 생존전략은 어떤 것인가? 회의와 불신 시대에 믿음을 가능하게 해주는 대안적인 철학과 믿음은 어떤 것인가? 우주의 미아로 다른 행성을 찾아 나서는 포스트휴먼으로서 그들은 근대의 동질적인 이성적 주체와는 어떻게 달라져 있는가? 버틀러의 거의 모든 작품이 이런 철학적 질문을 던지고 있지만 그중에서도 ≪씨 뿌리는 자의 우화≫ 연작에 집중해서 그 점을 탐구해보고자 한다.

옥타비아 버틀러는 인생의 마지막에 우화 3부작 ≪씨 뿌리는 자의 우화≫, ≪달란트를 가진 자의 우화≫, ≪사기꾼의 우화≫를 기획했다. 작가의 죽음으로 ≪사기꾼의 우화≫는 미완의 기획으로 끝났다. 씨 뿌리는 자의 은유는 신약성서 ≪누가복음≫ 8장에서 차용한 것이다. 기독교 근본주의의 한계에서 벗어나 새로운 종교인 어스씨드Earthseed를 창설하고자 꿈꾸는 사람은 이스라엘 백성을 구출한 가부장적인 모세와는 달리 열다섯 살 된 어린 흑인 소녀다. 그녀는 어스씨드교가 곤경에 처한 개인들을 상호 연결해 줌으로써, 인간이 파괴한 지구 행성에서 벗어나 다른 행성으로 이주 가능성을 찾고자 한다.

≪씨 뿌리는 자의 우화≫는 관찰자인 '나'가 기록한 일기형식으로 전개된다. '나'는 새로운 종교의 창설자이다. 나의 일기는 신생 종교의 교리이자 새로운 신화의 기록이기도 하다. 약탈, 방화, 강간, 살인으로 가득 찬 무법천지에서 우화가 무슨 힘을 가질 수 있을까? 이야기꾼으로서 버틀러가 지극히 무력한 우화의 형식을 빌려오는 이유는 무엇일까? 그

이유는 아마도 〈마사의 책〉에서 짐작해 볼 수 있을 것이다.[74]

버틀러의 우화는 이야기꾼으로서 그녀가 설계하고 싶었던 새로운 세계 짓기를 가능하게 해준다. 만인이 만인에게 이리인 세계에서 생존하려면 의심하고, 의심하고, 또 의심하라는 명령에 따라야 한다. 영악한 불신만이 생존을 가능하게 해주는 곳에서 쉽게 믿고 의지하게 되면 '아차' 하는 순간 잡아먹히게 된다. 의심'만'이 생존을 가능하게 해주는 곳에서 믿음의 연대를 요청하는 것은 일종의 역설이다. 그것이 우화 형식에 바탕을 둔 역설적 서사다. 불신 지옥에서 죽어가고 있는 '인류가 탐욕스럽고 잔인하고 낭비 심한 청소년기에서 살아남도록 도울 수 있'고 '인류가 덜 파괴적이고, 더 평화롭고, 더 지속 가능한 생활방식을 찾아내도록'[75] 도울 수 있는 서사 형식으로 그녀는 교훈적인 우화형식을 치용한 셈이다. 버틀러의 SF는 난해한 은유, 해석의 다양성, 실험적 형식을 특징으로 하는 모더니즘적인 작품과는 결을 달리한다. 그녀의 소설은 읽기 쉽고 재밌고 교훈적이고 대중적이다. 그래서 난해한 '순수문학'을 숭배하는 주류문학계의 입장에서 SF는 추방하고 싶은 질 낮은 문학적 바이러스였다.

버틀러의 작품에서 장애는 저주이자 선물인 경우가 허다하다. 버틀러 자신이 어린 시절 난독증으로 고생했지만 열 살 때부터 이야기를 꾸며내면서 책 읽기를 중단한 적이 없었다. 그에게 난독증이란 장애임과 동시에 그로 인해 독서에 더욱 집중하도록 해준 선물이기도 했다. ≪씨 뿌리는 자의 우화≫에서 로렌 올라미나는 초공감증후군에 시달린다. 엄마가 임신했을 때 약물중독이었고 그로 인해 태아에게 유전적인 결함/

선물로 초공감능력/증상이 발현되었다. 옥타비아 버틀러의 사변소설에서는 장애로 인해 포스트휴먼, 혹은 슈퍼휴먼으로서 능력을 소유한 자들이 많이 등장한다. 장애가 능력이 된 그들은 가능성과 한계를 동시에 가진 양가적인 인물들이다. 특수한 장애는 사람들 눈에 잘 드러나고 폭력에 노출되기 쉽다는 점에서 취약하다.[76] 로렌이 시달리는 초공감증후군은 타인의 고통과 쾌락을 내 것으로 공유sharing하는 증상이다. 그녀의 초공감증후군은 공리주의가 말하는 쾌고감수능력[77]을 증상으로 체화한 것처럼 보인다. 어린 시절 이복 남동생인 키스가 빨간 잉크를 팔에 발랐을 때, 올라미나는 고통에 시달리면서 피를 흘렸다. 의사는 초공감증상을 유기체적인 망상증후군이라고 말한다. 남들이 그럴 것이라고 믿는 증상을 내가 공연하는 히스테리컬한 미러링이다.

≪쇼리Fledgling≫에서 쇼리는 뱀파이어이면서도 낮 동안에 활동할 수 있는 유전자 변이체다. 비/인간 쇼리의 뱀파이어성은 자기 공동체에서는 돌연변이이자 장애지만 그로 인해 공생자 인간들과 공존이 가능하도록 해준다는 점에서 독이자 약인 선물이다. 뱀파이어 쇼리가 흡혈을 하게 되면 공생자는 그로 인해 애정에 중독되어 그녀의 연인으로서 공생하게 된다. 공생자는 행복감에 중독되고 사랑에 중독되어 스스로 피를 내어준다는 점에서 착취당하는 희생양만은 아니다. 흡혈 시 분비되는 화학적 반응으로 인해 공생자에게 면역체가 형성되고 노화가 중지된다. ≪쇼리≫는 뱀파이어 변이체를 통해 사랑의 현상학과 화학작용이 어떻게 공동체를 유지하는 독/약인지를 보여준다는 점에서 마치 데리다의 파르마콘Pharmakon(독/약)과 흡사하게 전개된다.

옥타비아 버틀러: 씨 뿌리는 자의 우화

≪씨 뿌리는 자의 우화≫(1993)는 근미래인 2024년부터 2027년에 걸쳐서 화자인 '나'가 기록한 일기 형식이다. 로렌은 2024년 열다섯 살의 흑인 소녀다. 자기 나이보다 키가 크고 강인한 몸과 정신을 가지고 있다. 2024년 지금으로부터 3년 후 미국 캘리포니아의 상황은 암울하기 그지없다. 미국은 기후재앙, 기업의 탐욕 등으로 처참하고 암울한 디스토피아 사회가 되었다. 부패한 정치가이자 대통령 후보인 앤드류 자렛은 선거 구호로 "미국을 다시 위대하게"를 내걸었다. 2016년 대통령 선거에서 트럼프가 내건 구호가 "미국을 다시 위대하게Make America Great Again"였다. 이 작품은 트럼프 시대를 예견한 것처럼 보인다. 2020년 트럼프는 멕시코 국경에 장벽을 세워 국경을 넘는 이주민, 난민들을 봉쇄했다. 캘리포니아주는 5개월이나 산불이 지속되고 남부 지역은 토네이도와 허리케인으로 황폐해졌다. 코로나 팬데믹으로 시신이 주차장에 방치되었다. 이런 미국적인 상황과 마주하면서 버틀러의 독자들이라면 그녀의 상상력이 현실이 된 것 같은 두려움마저 느꼈을 것이다.

근미래인 2024년 미국은 극단적인 양극화 사회가 되었다. 로렌 올라

미나가 살고 있는 작은 공동체는 로스앤젤레스에서 고작 20킬로밖에 떨어지지 않은 문명의 한가운데에 있는 로블레도Robledo 지역이다. 하지만 높은 담장으로 둘러쳐진 로블레도 공동체 바깥은 무법천지다. 이리떼처럼 떠도는 유랑민들, 약물 중독자, 방화중독자pyromania, 홈리스들, 부랑자들, 아이 딸린 여자들, 강간범, 살인범이 득실거린다. 어디나 살해당한 주검들이 널려 있다. 굶주린 개떼들이 부패한 시신을 뜯어먹는다. 높은 담장 너머 공동체 바깥으로 나가는 것은 목숨을 건 위험한 행위가 된다. 담장 바깥의 폭도들, 방화범들에 의해 결국 로렌의 가족과 이웃들은 살해당하고 공동체는 무너진다. 가족 중에서 유일하게 살아남은 로렌은 이웃이었던 헨리, 자라 등과 함께 북쪽으로 이동한다.

약탈과 방화, 약물, 살해가 일상적인 상황에서 초공감증후군은 대단히 위험한 질병이다. 자신을 보호하기는커녕 살해당하는 자의 고통을 자신의 것으로 느끼는 상황이라면 그야말로 살아남기 힘든 증상이자 치명적인 약점이 된다. 타인의 증상이 전이되어 감염되는 취약한 육신으로는 재난적인 상황에서 살아남을 확률은 거의 없기 때문이다. 그런데 바로 이 장애가 그녀와 그녀가 이끄는 무리를 구출해주는 힘이 된다.

전통적인 기독교 신앙에 대한 회의로 로렌은 새로운 종교를 창설하고자 한다. 그것이 어스씨드Earthseed다. 그녀는 티베트의 〈사자의 서〉가 아니라 〈산 자의 서〉를 창설하고자 한다. 어스씨드 신앙은 역설적이다. '유일한 불변의 진리는 변한다는 것이다. 신은 변화다.' 불변의 진리가 영속적으로 변하는 것이고 신이 변화라고 한다면 영속적인 변화가 불변의 진리가 된다는 역설에 빠지게 된다. 목숨 지탱하기 힘든 시대에 이런 믿음으로 연대가 가능할까? 그런 존재를 신이라고 할 수 있을까? 어떤 방식으로든 인간들을 이끌고 위기 탈출을 할 수 있다면 그 신은 어떤 형상이든 상관없는 것처럼 보인다. 필립 K. 딕Philip K. Dick의 장편 ≪죽음의 미로≫(1970)에서의 신처럼 말이다. 이 작품에는 외딴 외계행성에 파견된 인간들의 사고와 행동에 원칙을 제시해주는 일종의 신들이 등장한다. 하지만 이 신들은 우주선 승무원들의 머릿속에 제어 컴퓨터가 집어넣은 가상기억에 불과하다. 그들이 현실이라고 믿었던 곳은 가상공간으로 뒤집히고 신은 그런 가상공간에서의 홀로그램에 지나지 않는다. 가상공간에서 신의 실체가 무엇이든 상관없다. 신은 다만 인간들이 미쳐 날뛰다가 무중력 공간으로 먼지 알갱이처럼 날아가지 않도록 지구의 중력장처럼 붙잡아주는 기능이면 그것으로 충분하다.

그녀는 조숙하고 합리적이고 강인하지만 겨우 열다섯 살 소녀이다. 신을 창조하는 사이비/사이버 교주이면서 동시에 남자친구, 연애를 고민하는 소녀이기도 하다. 친구인 조애너에게 십대 소녀들이 나눌만한 고민을 나눈다. 가난한 동네의 흑인 여자아이들은 열서너 살이면 이미 싱글맘이 된다. 실제로 버틀러의 엄마도 열네 살에 임신했다. 재난 상황에서 아이를 낳아 키운다면 절대적인 빈곤에 시달리고 생존은 위협받게 된다. 홉스가 우려했던 것처럼, 여자들의 임신, 출산은 만인이 이리인 상태에서는 최악의 생존 조건이 된다. 열세 살에 에이미를 낳은 트레이시처럼, 배운 것도 없고 일자리도 없는 상황에서 여자아이들의 생존은 노예주에게 의존하거나 매춘 이외에 다른 대안은 그다지 없다. 재난 상황에서 결혼하고 아이를 낳는 것은 로렌의 입장에서는 미친 짓이다.

로렌은 지구 종말에서 벗어나려면 인구를 지구환경에 최적화해야 한다고 믿는다. 그녀는 조애너에게 중세 흑사병을 예로 든다. 지구는 넘쳐나는 인간들로 인해 더는 버틸 수 없다. 중세 림프종인 흑사병bubonic plague이 돌 때 사람들은 세상의 종말이라고 생각했다.[78] 하지만 흑사병을 견뎌낸 생존자들에게 세상은 엄청난 변화를 가져다주었다. 감염병으로 인해 사람들은 세상이 바뀔 수 있다는 것을 알게 되었다. 지구의 입장에서 인간은 바이러스이고 흑사병이 지구에게 백신일 수도 있다. 그녀의 냉정한 판단은 코로나 감염병으로 시달리는 지구촌 사람들에게 들려주는 목소리처럼 들린다.

그렇다고 재난 상황은 모두에게 책임이 있으므로 모두가 책임져야 한다는 것은 무책임한 말이다. 지구 환경변화에 더욱더 책임져야 하는 재난생산 기업도 있기 때문이다. 나오미 클라인Naomi Klein이 '재난 자본주의'라고 일컬었던 기업들은 재난 상황에서 최대의 부를 채굴한다. 그들은 물, 공기, 바다, 흙과 같은 공유재 자연자원마저 사유재 자본으로 만들어서 이윤을 착취해간다. 그들 기업은 이익은 사적으로 가져가고 오염, 공해, 쓰레기 배출 등의 재난은 사회적 책임으로 돌린다. 이 작품에서 탐욕스러운 기업 KSF는 물을 사유화하고 중산층마저 감당할 수 없을 정도로 비싸게 팔아 이윤을 채굴한다. 캘리포니아는 기후변화로 해수면이 상승하여 침몰하는 중이다. 저지대가 바닷물에 침수되어 담수 공장이 세워지고 물값은 천정부지로 치솟는다. KSF는 담수 공장, 태양광, 농작물을 전부 민영화한다. 생활비용을 감당할 수 없었던 사람들은 바닷물과의 싸움에서 안정적인 생계를 보장받는 대신 노예노동을 제공하는 것으로 타협한다.

초공감증후군을 가진 '나'가 타자의 죽음으로 인한 고통으로부터 벗어나려면 상대를 단숨에 죽이는 수밖에 없다. 공감 능력 때문에 타인을 죽여야 자신이 살 수 있다는 것은 초공감증후군에 시달리는 로렌의 아이러니이기도 하지만 그것은 또한 인간의 존재 조건이기도 하다. 이런 고통스러운 상황과 직면한 그녀가 할 수 있는 것은 오로지 기록하고 또 기록하는 것이었다. 죽음에 저항하는 방식이 글쓰기였다. 기록으로 기억하게 만드는 것이야말로 애도의 작업이다. 망각되지 않고 지속가능한 기억과 기록은 이야기가 전파하는 힘이다.

각자 도생해야 하는 곳에서는 한 명보다는 두 명이 유리하고, 두 명보다는 세 명이 유리하다. 모두가 불신하는 곳에서 연대란 불가능하다. 그런데 유랑민들의 불신을 해제하도록 만든 것이 바로 타인에 대한 그녀의 연민과 초공감능력이었다. 그녀는 길 위에서 만난 커플과 그들의 아기를 살려준다. 아기가 있다는 사실에 다른 사람들도 경계심을 풀고 그들 일행과 합류하게 된다. 일행은 여덟 명으로 늘어난다. 순수 백인혈통을 주장하는 시대에 혼혈 커플이 섞여 있다는 것은 위험한 일이다. 순혈 광신도들에게 언제든지 표적이 될 수 있기 때문이다. 그럼에도 혼종, 난민들, 장애인, 떠돌이 여자들과 함께 이동한다. 그들은 최약자들이므로 상호 의존하여 힘을 합치지 않을 수 없다. ≪씨 뿌리는 자의 우화≫에서 로렌의 무리는 길 위에서 만난 흑인 의사인 뱅콜이 사두었던 농장에 일단 정착하는 것으로 끝이 난다.

씨 뿌리는 자의 우화가 있는 풍경(Landscape with the Parable of the Sower)[79]

연작인 ≪달란트를 가진 자들의 우화*Parable of the Talented*≫에서 올라미나는 뱅콜과 결혼해서 딸을 낳았다. 그녀는 어스씨드를 믿는 도토리Acorn 공동체를 세우고 지도자가 된다. 하지만 미국은 기독교 근본주의자들이 점령한 나라가 된다. 이교도인 도토리 공동체는 기독교 십자군들의 습격으로 점령당하고 그들은 다시 노예제도로 되돌아간다. 흑인 여성들은 주기적으로 강간을 당하고 채찍질을 당한다. 2035년 올라미나는 봉기를 일으켜 십자군 포식자, 약탈자들을 죽인다. 그녀의 어스씨드가 전파되면서 힘을 얻게 되고, 마지막에 이르러 그녀는 어스씨드의 추종자들이 동면상태로 우주선에 오르는 것을 목격하면서 눈을 감는다. 그녀의 나이 81세였다.

기독교 우화를 패륜적이고 배교적인 방식으로 차용한 버틀러는 디스토피아 사회에서도 살아남을 수 있는 능력을 여신/여성 영웅들에게 부여해주고 있다. '또 다른 세상'에 대한 그런 소망 충족의 상상력은 사변소설의 형식이 아니라면 불가능했을 것이다.

죽음에 저항하는 글쓰기:
산 자의 서_書 ———————————

버틀러의 글쓰기는 뒤에 남은 자들에게 이야기의 씨앗으로 되살아난 다는 점에서 죽음에 저항한다. ≪씨 뿌리는 자의 우화≫에서 로렌 올라 미나의 글쓰기는 주변의 가족, 친족, 이웃들이 살해당하고 홀로 남은 상 황에서 죽음을 견디는 방식이다. 죽음에 저항하는 방식이 쓰고 또 쓰는 것이었다. 셰에라자드가 자신의 죽음을 지연시키려고 이야기하고 또 해 야 하는 것처럼, 로렌에게 글쓰기는 죽음의 공포에 맞서 살아남을 수 있 는 생존 조건이다. 그러므로 죽어야 불사가 가능하다는 역설을 버틀러 는 ≪씨 뿌리는 자의 우화≫에서 잘 보여주고 있다. 글쓰기는 사자들이 남긴 유령극장이기 때문이다.

글쓰기는 타자의 죽음을 소생시키는 방식이다. 그런 맥락에서 글쓰 기는 생물학적 출산을 대신한다. 〈마사의 책〉에서 신이 마사에게 세계 를 설계해보라고 했을 때, 마사가 가장 먼저 떠올린 생각은 로렌 올라미 나처럼 지상의 인류가 너무 많다는 것이었다. 인간종의 과도한 팽창은 지구 종말을 앞당긴다고 마사는 염려한다. 인간이 자기 종을 너무 번식 시켜서는 안 된다. 다른 종들도 살아야 하기 때문이다. 물론 이런 생각은 신과의 대화로 인해 계속 바뀌고 바뀌지만, 근본에 깔린 마사의 두려움은 가난하고 어린 십대 싱글맘들의 문제에서 비롯된다. 버틀러 자신이 바로 열네 살의 어린 엄마에게서 태어났다. 글을 배운 적도 없는 가난한 흑인 여성을 엄마로 두었고 성장기에 홈리스와 다를 바 없는 생활을 했다. 그들이 가난에서 벗어날 방법은 무엇보다 글을 배우고, 일자리와 자기의 공간과 자기의 목소리로 자신의 상황과 맞서나가는 것이다.

남자들은 씨를 뿌린다. 은유적으로 문자적으로. 남자들은 씨를 뿌리지만 가꾸지 않는다. ≪와일드 시드≫[80]에서 도로는 3700년을 살고 있는 중이다. ≪토템과 터부≫의 원형적인 아버지 같은 도로는 씨를 뿌리지만 보살피지 않는다. 보살피는 것은 여자들의 몫이다. 그의 목적은 뿌린 씨앗에서 우월한 유전자를 찾아내는 것이다. 그것은 가시밭이나 척박한 환경에 떨어진 씨앗들을 전쟁, 학살, 감염, 기아 등으로 도태시키는 것이다. 우월한 유전자를 수확하기 위해서 도로가 하지 못 할 짓은 없다. 그것이 유전자적 진화의 방식이든 역사적 파괴의 방식이든 상관하지 않는다. 씨 뿌리는 자로서 도로는 원형적 아버지에서 근대의 우생학적인 파시스트의 모습으로 무한변신하며 영원히 살고 있다. 도로는 타자의 육체를 빼앗아 입음으로써 영원히 사는 뱀파이어다. 훔치고 죽이는 것을 빼고 나면 무엇을 하느냐는 아냥우의 물음에 도로는 "빚어내는 일을 하지. 조금이라도 또는 상당히 독특한 능력을 지닌 사람을 찾아 사방을 돌아다니고 그런 사람을 데려와 한데 몰아넣은 다음 새롭게 강한 일족으로 빚어내지."[81]라고 답한다. 300년을 살아온 아냥우라고 한들 자손을 통해 불멸을 성취한 뱀파이어 남성신 도로에 저항할 방법은 없다. 거듭

변신을 통해 도로의 유전자 조작을 막는 것 이외에는.[82]

인간이 더 나은 종이 되려면 성찰할 수 있는 시간의 축적이 필요하다. 그런 시간의 축적을 가능하게 해주는 것이 이야기다. 마태가 아니라 마사가 쓴 〈마사의 책〉은 더 나은 인간종이 되기 위해서 불멸을 꿈꾸는 것이 아니라 꿈속에서 현실 공간의 갈등, 탐욕을 탕진하도록 만들고자 한다. 현실에서 전쟁, 살인, 폭력이 일어나지 않도록, 본래적으로 폭력적인 인간에게 자신의 욕망을 해소하는 한 방식으로 꿈속에서 그것을 표출하도록 만들면 어떻겠냐고 마사는 신에게 제안한다. '사람들이 꿈속에서 많은 에너지를 써버려야 하는 상황을 생각하고 있어요. 꿈속에서 각자에게 가장 좋은 세상을 겪는 거예요. 그 꿈은 지금의 꿈보다 훨씬 현실적이고 강렬해야 해요. 제일 하고 싶은 일이 무엇이든 그 일에 대한 꿈을 꾸게'[83]하라고 제안한다. 어슐러 르 귄의 《세상을 가리키는 말은 숲》에 등장하는 '크리치'들처럼 마사는 꿈속에서 문제를 해결하고자 한다. 인간의 욕망을 꿈속에서 해소하는 것은 인간을 순치시키고 온화하게 만드는 한 가지 유토피아 전략이라고 본다. 꿈속에서 욕망을 소진함으로써 현실에서 전쟁, 학살, 갈등을 피하는 것이야말로 허구적인 문학이 해줄 수 있는 대리만족과 다르지 않다.

자신과 대화하는 신의 모습이 처음에는 모세와 같은 거구의 백인 남성이었다가 그냥 평범한 남성이었다가 나중에는 흑인 여성으로 변하는 것을 목격하면서 마사는 묻는다. 신이 왜 이렇게 변태하느냐고? 그건 신에 대해 학습된 효과이자 관습적인 눈으로 보기 때문이라고 신이 답한다. 그러니 보이는 것이 전부가 아니라고 신은 말해준다. 그리고 마사는 자신의 복음서를 자기 방식으로, 모세처럼 단단한 석판이 아니라 변화하는 꿈과 이야기의 형태로 기록한다.[84] 씨앗을 뿌려서 타자의 기억 속으로 귀환함으로써 죽음에 저항하는 글쓰기의 힘으로.

상실, 실패, 취약성으로
연대하기

장애, 감염병, 질병에 취약한 인간들이 재난 상황에서 어떻게 연대할 수 있을까? 그 취약성으로 인한 감염과 감정의 전이가 혐오가 아니라 연민과 공감으로 바뀔 수 있는 변화 가능성에 버틀러는 주목한다. 코로나 감염병 시대 그녀의 새로운 상상력에 다시 주목하는 것도 그 이유 때문이다. ≪쇼리≫는 기존의 지배/착취, 주인/노예, 가해/피해, 숙주/기생, 사냥꾼/사냥감, 정상적인 일부일처 핵가족/ 비정상 다자 혼종성 가족과 같은 이분법의 경계를 넘어선 전복적인 상상력을 제시한다.

≪쇼리≫에서 이나족인 '나'의 가족은 전부 몰살당하고 나만 살아남는다. 화자인 나는 뱀파이어족이다. 루마니아 귀족인 드라큘라 백작은 타인의 피를 빨아서 타인을 고갈시킨다. 반면 이나족은 독으로 중독시킨다. 물린 상대는 피를 뽑힐 때의 쾌감을 잊지 못해 중독된다. 말하자면 최대의 선을 총량화하는 방식으로서 흡혈을 통해 쾌에 중독되도록 만든다. 흡혈은 선한 영향으로 전이되고 다수를 감염시킨다. 하지만 한 사람의 피만을 빨게 되면 그 상대가 살아남지 못하므로 이나족은 여러 명의 공생자를 가지게 된다. 공생자symbiont는 흡혈의 대상임과 동시에 사

랑의 대상이다. 다수의 공생자와 다자관계인 세상에서 일부일처제 이성애 핵가족 규범성이야말로 20세기적인 농담에 불과하다.

유전공학의 힘으로 반쯤 인간이지만 인간과의 이종 교배는 불가능하다. 섹스는 할 수 있지만 아이는 가질 수 없다. 이들 뱀파이어종들은 침팬지처럼 인간이라는 종과 사촌 관계를 이루며 지구에서 살아남을 수 있도록 진화한 인간의 친족이기 때문이다. 그들은 여러 명의 공생자와 다자관계의 공동체로 살아남는다. 그들에게 중요한 건 후각이다. 흡혈하는 기생자와 피를 공급해주는 공생자 숙주들은 서로의 채취로 자신의 연인을 알게 된다. 그들의 침 속에 있는 어떤 물질이 그들에게 화학작용을 일으킨다. 피를 빨 때 입에 고이는 침 안에 든 독성물질의 화학반응이 기생자의 냄새에 중독되도록 만든다. 그런 독성은 그것을 주입한 대상과 강력한 애착 관계를 형성하도록 한다.[85] 그로 인해 숙주와 기생자는 상호의존적인 관계가 된다.

불구화된 삶의 취약성으로 고통 받고 생존에서 탈락하고 죽임을 당하는 세계에서도 살아남을 수 있는 방식이 서로에게 공생하는 것이라고 버틀러는 말하고 있다. 유전자 변이로 장애가 능력이 되는 비/인간 뱀파이어와 취약한 인간의 상호공존을 통해 그들은 서로를 배려하고 보살핀다. 쇼리는 인간이 원하는 방식과는 다른 방식으로 인간을 요구한다. 뱀파이어 쇼리는 늙고 부패하지 않는다. 쇼리의 젊음 유지는 유전자 개량 때문이었다. 유전자 합성물인 쇼리는 마치 유전자 조작 식품DMO처럼 변이된 뱀파이어다. 자기 종의 생존 조건을 개선하려는 시도로 인해 쇼리는 낮 동안에도 활동할 수 있는 뱀파이어가 된다. 그래서 순수 혈통을 주장하는 이나족의 인종 순혈주의자들에 의해 가족 모두가 살해당하게 된다. 쇼리 가족의 살해에 가담한 책임으로 살인자에게 내려진 형벌은 고통스러운 사지절단형이다. 뱀파이어들인 이들의 절단된 사지는 시간이 경과하면 재생된다.

하지만 장애 이론의 입장에서 본다면, 이나족의 일시적 손상은 처벌로 인한 것이다. 그 처벌은 당사자들의 악행에 대한 대가를 치르는 것이다. 수많은 종교에서 장애는 신의 형벌로 묘사된다. 장애인은 고통 받아 마땅한 무엇인가를 행한 대가로 간주되었다. 죄 사함을 받으려면 그런 고통은 당연한 것이 되어버린다. 버틀러 역시 그런 한계에서 벗어나지 못하고 있다. ≪쇼리≫에서 쇼리 가족을 몰살시킨 지배계급 이나들은 처벌의 대가로 불구가 된다. 이런 경우 장애는 잘못을 저지른 사람의 개인적인 문제가 되어버린다. 장애를 그런 처벌의 은유로 활용하는 것은, 장애를 개인의 차원으로 돌림으로써 접근 가능한 세계를 조직하는 것에 대해서는 등한시하게 되고 탈정치화된다.

유전자변형, 의료체제의 발전 등이 막을 수 없는 과정이라고 한다면, 그런 담론들을 페미니즘의 전략에 어떻게 전유할 것인지를 고민해야 할 것이다. 아프로퓨처리즘의 여전사 자넬 모네Janelle Monáe 또한 트랜스휴먼의 증강된 몸에 관해서 관심을 갖고 있다. 그녀가 자신의 컨셉 앨범에서 연기한 신디 메이웨더는 먼 미래로부터 온 안드로이드인데 인간과 사랑에 빠진다. 쇼리의 능력처럼 인간 중심 세계에서 그들의 능력은 위협적이다. 인간 유기체와 기계를 깔끔하게 분리하는 인종차별, 종차별적인 순혈주의자들이 보기에 그들은 위협적인 혼종들이다.

버틀러와 자넬 모네는 트랜스휴먼 장애의 몸에서 가능성과 자유를 동시에 보여준다. 모네는 장애를 자유를 추구하는 분열된 자기 분신을 지원해주는 은유로 활용한다. 장애를 능력주의의 은유로 사용함으로써 그들은 실제 장애인을 모호하게 만들어버린다. 쇼리의 혼종적인 몸을 우생학적인 충동으로 소비하게 되면, 인종차별의 뿌리 깊은 편견을 탈정치화할 위험이 있다. 한편으로 그런 접근은 혼종에 대한 인종적 편견을 보여주지만 다른 한편으로는 장애로 인한 손상을 처벌의 형태로 제시함으로써 한계를 드러낸다.

옥타비아 버틀러의 삶은 이제 전설이 되었다. 그녀는 백인 남성 작가들이 지배했던 SF계에 등장한 흑인 여성 페미니스트 작가로서, 계급, 인종, 젠더, 섹슈얼리티의 문제를 전면에 부각시키고 흑인 정체성의 자존감을 고취한 인물로 존중받는다. 그녀의 작가적 성취는 불가능을 가능성으로 전환시킨 것처럼 보인다. 하지만 개별 작가의 특별한 성취라기보다는 오랜 세월 동안 축적된 이주민 디아스포라로 노예적인 삶을 살았던 흑인 공동체의 역사와 기억이 발현한 하나의 상징이기도 하다. 바로 그렇기 때문에 그녀의 작품은 아프로퓨처리즘의 선구자로 추앙받게 되는 지점이 있다.

7장

장애 / 동물 / 사이보그 / 크립보그 선언

21세기 초반은 퀴어와 크립 이론crip theory 실천의 전성시대라고 제인 갤럽Jane Gallop은 선언한 바 있다.[86] 갤럽은 나이가 들어 자기 발이 불구가 되고 애착하는 하이힐 대신 휠체어를 타게 될 것이라고 상상하지 못했 다고 고백한다. 의사가 더는 걷지 못할 수도 있다고 했을 때 그녀는 걷 지 못한다는 사실보다 하이힐을 신지 못한다는 사실이 더욱 고통스러웠 다고 토로한다. 무슨 페미니스트가 운동화가 아니라 하이힐이냐는 비 난에도 그녀는 꿋꿋이 하이힐을 신었다. 그녀에게 하이힐은 여성억압의 한 형태라기보다 여성으로서 자신감과 권위와 힘의 상징이었다. 이제 늙은 페미니스트이자 장애인으로서 그녀는 불구의 시간성과 마주하면 서 장애를 바라보는 다른 시선에 주목한다.[87]

갤럽의 선언처럼 페미니즘×퀴어×장애×노화×동물권의 교차성 이 론은 21세기에 이르러 근대적인 패러다임을 근본에서부터 흔들어놓는 전위적인 이론이자 실천운동이 되고 있다. 시설에 유폐되고 비가시화 되었던 장애인이 세계 내 존재being-in-the-world로 던져졌을 때, 그로부터 수많은 이야기가 싹트게 된다. 사적인 내부와 공적인 외부가 뫼비우스 의 띠처럼 경계를 넘나들면서 시간 속에 축적된 기억의 공간이 몸이다.

이제 장애의 몸은 수치와 자긍심이라는 새로운 이야기를 세계 속으로 방출한다. 길모퉁이에 이르러 연석cut curb이 끊어져 망연자실하고 있는 상황에서 비처럼 쏟아져 내리는 조롱과 비웃음의 눈길에 온몸이 수치심으로 젖고 낙인으로 화끈거리는데 장애가 어떻게 정체성이자 자부심이 될 수 있다는 것일까? 장애 운동은 장애가 수치와 얼룩이 아닌 차이와 다름으로서의 정체성과 자긍심으로 패러다임을 전환하고 있다. 퀴어 운동이 퀴어를 수치심에서 자긍심으로 바꿔낸 것처럼, '불구가 어때서? 나 여기 있어'라는 구호로 장애를 자긍심으로 바꿔낸 것이 21세기 장애 운동의 성과다.

최근의 장애학에 따르면 개인적인 손상이나 훼손된 몸이 장애를 만드는 것이 아니라 손상과 상호작용하는 사회적 태도가 장애를 발명한다. 장애는 차이이자 다름이다. 따라서 장애는 치료의 대상이며 끊임없이 '정상성'으로 다가가야 하는 결핍이거나 부족한 상태가 아니다. 농인의 정체성을 받아들일 때 수어는 농인의 언어가 된다. 청각장애인은 장애를 고치기 위해 비청각장애인들의 구어를 강요받지 않아도 된다. 마스크로 입이 가려진 시대 비청각장애인들은 아이돌 그룹 방탄소년단의의 〈퍼미션 투 댄스〉처럼 수어 안무를 배우고 수어와 함께 진행되는 풍부한 얼굴표정을 배워야 한다. 어디서든지 소통해야 하는 곳에 수어 통역사를 배치해야 한다. 수어를 모른다는 사실에 비청각장애인들이 부끄러워하도록 만들 때 장애가 자긍심이 될 수 있다. 다른 몸들에 대한 '바디 포지티브Body Positive'가 자리 잡으면서 신체적 장애를 가진 사람들을 위한 '어댑티브 패션Adaptive Fashion'이라는 새로운 카테고리가 부상한다. 그것은 장애로 각기 다른 몸에 맞는 핏과 패션을 제공하는 것이다. 휠체어도 맞춤형으로 멋진 패션으로 소비될 수도 있다. 물론 또다시 장애 문화가 소비자본주의로 흡수된다는 비난이 나올 수 있다. 하지만 장애인의 불편을 무기로 장애의 정치를 전개할 수는 없다. 장애인은 활동 보조인과 함께 한다. 의존성이 수치스러운 것이 아니라 삶 자체가 상호의존임을 온몸으로 전시하는 것이다.

근대의 이상적 주체는 남에게 의존하지 말아야 한다. 그러나 근대적 이상과는 달리, 일상을 살아가는 사람들은 장애인뿐만 아니라 누구나 취약하고 타자와 상호의존적인 관계로 살아간다. 누구도 타인의 도움 없이 완벽하게 자율적이고 독립적으로 살 수 없다. 비장애 중심의 '정상성'을 기준으로 볼 때 장애는 차별과 배제와 낙인의 대상이 된다. 이런 맥락에서 특정한 형태의 몸에 맞추어 설계된 세계가 어떤 종류의 몸들을 장애화 하는 것이라고 작가 김초엽은 단편소설 〈인지 공간〉에서 지적하고 있다. 김초엽 작가는 자신이 청각장애인임을 밝히면서 카톡 문화는 말하는 사람의 입에 온 신경을 집중해야 하는 청각장애인들에게는 구원이라고 말한 바 있다. 이처럼 장애의 사회 구성적 모델에 따르면 장애는 손상impairment이 아니라 사회가 구성되는 방식에서 비롯되는 것이다.[88]

몸'집'으로부터 망명하는
이주민들 ————————————

≪망명과 자긍심≫에서 일라이 클레어Eli Clare는 자신을 불구, 퀴어,
프릭freak, 레드넥redneck으로 정체화한다.[89] 이런 정체성은 수치스럽지만
자긍심이기도 하다. 클레어는 뇌병변 장애인이며 시스키유 국유림 근처
산골동네 백인 하층 노동계급의 가치관을 내재화한 트랜스젠더 퀴어 페
미니스트다. 지독한 인종차별(카센터의 이름이 KKK Kar Kare Kenter이
다), 성차별, 동성애 혐오가 지배하고 있는 산골에서 클레어는 어린 시
절 동네 아저씨들에게 윤간의 대상이었다. 놀랍게도 이 산골동네에서
존경받는 고등학교 교사인 그녀의 아버지가 딸을 강간했을 뿐만 아니
라 동네 남자들에게 자기 딸을 제공했다는 것이다. 교사인 엄마 또한
그 사실을 알면서도 모른 척했다. 그 산골동네에서는 소위 중산층 지
식인에 속하는 부모가 무슨 생각으로 그런 짓을 했는지 독자로서는 이
해하기 힘들다. 클레어가 말해준 아버지의 변명은 딸의 성별 정체성
혼란을 교정하겠다는 의도이자, 레즈비언의 조짐을 혐오해서 일찌감
치 어린 딸의 몸에 그런 짓을 했다는 것이다. 강제적인 삽입을 통해 '너
는 여자야', '너는 이성애자여야 해'라는 사실을 온몸에 각인시키려고

했다는 말이 된다.

성장한 뒤 일라이 클레어는 트랜스 남성으로 성전환을 한다. 성폭력, 장애, 트랜스젠더퀴어로 인한 치욕과 상처에도 클레어는 굳건히 버티면서 자신의 목소리로 이야기를 할 수 있게 되었다. 그런 폭력을 자신의 성별 정체성, 성적 경향성을 찾아가는 새도-마조히즘적인 과정으로 전환시켰다는 점이 놀라웠다. 그들로 인한 상처와 고통에도 불구하고 클레어는 시골 백인 하층 노동자 남성의 몸에 애정 어린 소속감을 느낀다. 그들은 대도시 생태 페미니스트들이라면 혐오했을 만한 환경파괴 벌목 노동자 마초들이었다. 뇌병변으로 자판을 두드리기 힘든 클레어는 글을 쓰기 위해 손에 특별한 장치를 부착한다. 보철화된 클레어는 스스로 규정하듯 젠더/퀴어/장애/사이보그다.

몸은 정치적인 것이다. 클레어는 장애인(뇌병변), 퀴어(젠더퀴어 레즈비언)이며, 트랜스 남성이며, 프릭(기형적인 몸)이고, 레드넥(시골하층 노동자)인 몸이 없다면, 어떻게 자기 몸을 자기 집이라고 할 수 있겠는가라고 반문한다. 클레어는 자기 몸이라는 집에서 이주한다. 자기 집에서 홈리스이자 이방인이었던 클레어는 산간벽지 마을에서 자유를 찾아 메트로폴리스로 망명한다. 도시로 이주했지만 백인 남성 마초의 정서가 지배하고 있는 난폭한 야생의 공간을 클레어는 그리워한다. 어떤 과거이든 그것은 자신의 일부이므로.

몸은 하나이지 않다. 따라서 장애는 고쳐서 '정상적인' 하나의 몸이 되는 것을 목표로 하지 않는다. 그렇게 되면 장애는 영원히 아프고 병든 기형적인 몸이 된다. 성차별이 있으므로 여성의 본질인 여성성을 고쳐야 한다고 여성들은 생각하지는 않는다. 그와 마찬가지로 동성애가 치료될 수 있는 병리적인 현상이라고 동성애자는 생각하지 않는다. 그와 유사하게 장애인에게 장애를 고쳐서 비장애인이 되라고 하는 것은 장애인으로서 삶을 삭제하라는 것이다. 그것은 비장애 중심주의적인 시각을 강요하는 것이다. 장애는 반드시 고쳐야 하는 것이라기보다, 엘리자베스 문의 소설 ≪어둠의 속도≫의 자폐인 루처럼 의학적인 도움을 받을 것인지 말 것인지를 스스로 선택할 수 있어야 한다. 장애를 가진 시민으로서 그들이 성취할 수 있는 모든 기회를 주어야 한다는 점에서 장애는 불행한 것이 아니라 불평등한 것으로 접근해야 한다. 이런 접근은 장혜영 감독의 다큐멘터리 〈어른이 되면〉을 떠올리게 한다. 장혜영 감독은 탈시설 운동을 하면서 발달장애를 가진 동생 장혜정과 사회에서 함께 살기로 결정한다.[90]

페미니스트들이 성적 대상화에 저항했다면, 장애인은 성적 대상화마저 그립다고 말한다. 클레어는 장애 여성은 성적 대상화에서 벗어난 비존재라고 주장한다. 누구도 애정이나 관심을 주지 않는다는 것이다. 사회로부터 소외되어 있으므로, 외로움으로 인해 장애인들은 성적 대상으로나마 관심을 가져주길 원한다. 그것이 추종자 그룹의 페티시화를 받아들이는 이유이기도 하다. 추종자는 손상과 절단과 장애를 가진 불구화된 몸에 성적 욕망을 느끼는 사람들을 지칭한다.[91] 성적 대상화일망정 관심을 원하는 마음은 페미니즘의 정치적 올바름으로 간단히 해결되지 못하는 복잡한 지점을 가지고 있다. 페미니즘과 장애 서사가 갈등하고 덜커덩거리는 부분이 바로 이런 지점들이다.[92] 다양한 운동의 연대는 '매끄러운' 이음새가 아니라 마찰과 갈등의 지점까지 함께 하는 것이다.

장애는 현실이면서도 이데올로기다. 미디어는 개인적인 비극을 감동 실화로 포장한다. 장애인들은 비장애인들에게 감동과 연민의 대상이 될 수 있도록 '감동 포르노'로 포장되어왔다. 그런 접근은 장애로 인한 차별과 억압을 정치적인 문제로 접근하는 것을 막고 장애를 개별화하고 탈정치화한다. 그것은 개인의 강한 의지를 통해 자신의 한계를 극복하는 '슈퍼 불구super crip'를 스펙터클화한다. 2012년 런던 올림픽 패럴림픽 홍보영상처럼 장애를 극복한 영웅들의 이야기는 비장애인들의 감동을 위해 소비된다. 이러한 서사는 장애인들이 커뮤니티에 참여하고 동등한 권리를 요구하도록 고무하는 대신, 장애를 동정과 연민에 호소함으로써 비장애인들에게 우월감을 제공한다. 그뿐만 아니라 대중문화에서 장애는 일종의 처벌로 또다시 소비되도록 만든다. 드라마에서 온갖 악행을 저지르던 인물의 마지막은 휠체어에 앉아서 무릎에는 담요를 두르고 얼굴에는 마스크를 쓴 불쌍하고 초라한 모습으로 마무리된다. 죄 지은 자의 휠체어 신세를 통해 휠체어 장애인을 벌 받은 자의 모양새로 만들어 버린다. 대중 드라마, 담론에서는 장애를 마치 신의 분노이거나 사회적 처벌로 무책임하게 소비하는 경우가 빈번하다.

LGBT 운동이 '퀴어'라는 말을 재전유한 방식과 유사하게 '불구crip'는 장애를 하나의 정체성으로 인정하는 것이다. 이는 장애의 역사, 정치에 자부심을 가지고 장애에 창조적 의미를 부여한다는 뜻이다. 창조적인 예술이 세계를 낯설게 하기라고 한다면, 장애인의 시선이야말로 세계를 낯설게 만든다. 세계를 다르게, 낯설게 본다는 점에서 장애인은 예술인이다. 네발로 기게 되면 눈높이는 30cm 정도다. 이것은 직립보행하는 시선(소실점을 갖는)과는 다르게 세상을 지각하게 된다. 각자 다른 움벨트로 인해 다양한 세계가 공존함을 인정할 때 장애 자체가 수치스러운 것이라기보다 정체성으로서 인정될 수 있다.

장애는 한눈에 보면 알 수 있다고 자신할지 모르지만, 사실 비장애인과 장애인은 생각만큼 쉽게 구분되지 않는다. 제인 갤럽이 지적하다시피 나이 들어 보행이 자유롭지 못한 노인의 몸은 불구화되고 불구의 시간성을 살아야 한다. 장애학 연구자 피오나 캠벨Fiona Campbell이 말하듯, 장애인은 태어나는 순간부터 장애라는 것은 극복하고 고쳐야 것으로 간주하는 세상 속에 던져진다. 장애는 의료과학의 도움으로 극복하고 고쳐야 한다는 극복서사가 지배적인 담론의 장에서 장애를 어떻게 규정할 것인가? 사실 장애를 어떻게 규정하느냐는 대단히 복잡한 문제다. '우리가 아는 장애는 없다'는 인류학자들의 말처럼 장애를 정의하기란 힘들다. 문화비평가 마이클 베루베Michael Bérubé는 "자신을 '비장애인'이라고 생각하는 모든 사람은 그러한 자기규정이 일시적일 수밖에 없다는 점을 알아야 한다"[93]고 주장한다. 우리가 장애를 가진 이들을 일상에서 잘 알아차리지 못하는 것은 대다수 사람이 타인의 비장애성abledness을 이미 전제하기 때문이다. 앨리슨 케이퍼Alison Kafer는 "누가 장애를 가졌는지 확인하는 게 어렵다면, 누가 비장애인인지, 혹은 누가 비장애 신체를 가졌는지'를 정의하는 것 또한 어려울 것"[94]이라고 말한다. 이처럼 정상성, 생산성, 효율성의 관점에서 배제되어왔던 소수자로서 장애에 대한 새로운 관점은 장애 또한 사회적으로 구성된다는 점에 주목한다. 한 사회가 어떤 것을 장애라고 일컫는가는 종교, 정치, 경제, 친족 구조 등 수많은 요인에 따라 변하기 때문이다.

동시에 그것은 자립, 정상, 의료화의 패러다임을 문제 삼는 것이기도 하다. 장애에 대한 재현은 의료화에서 비롯하는 경우가 많다. 장애의 의료화란 장애를 의료나 재활 분야에서 다뤄야 할 주제로 보는 관점이다. 과거에 도덕적/정신적/형이상학적 문제였던 장애는 19-20세기 초 바이오테크놀로지의 획기적인 발전으로 의료적인 치료의 문제로 전환되었다. 의료적 치료의 대상으로서 장애의 몸은 장애가 있는 몸을 제대로 기능하지 않는 몸, 건강하지 않으며 비정상적인 몸, 따라서 치료가 필요한 몸으로 바라본다. 그것은 장애인의 싸움을 순전히 그들의 몸에 국한시키는 것이다.

수나우라 테일러:
장애와 동물 되기의 교차로 ———

　장애 운동과 더불어 동물권 운동 또한 힘을 얻고 있다. 기후재난과 함께 팬데믹 시대 동물의 영토를 완전히 점령한 인간중심주의에 대한 심각한 비판이 대두되었다. 쾌고감수능력은 생명 있는 모든 존재에게 부여되어 있다. 피터 싱어와 같은 동물해방론자들은 쾌고를 가지고 있다는 점에서 어떤 동물이든 존중받고 동등하게 대우해야 한다고 선언한다. 페미니즘/트랜스/퀴어/장애/동물 되기 운동은 아직까지 도래한 적이 없는 모든 존재의 동등한 권리를 주장한다는 점에서 서로 다양한 갈등에도 불구하고 연대의 가능성을 열어가고 있다. 그것은 근대적인 패러다임을 전복시키는 이론실천의 최전선이다.

　보건복지부는 2020년 등록장애인의 장애유형·장애정도·연령 등 주요 지표별 '2020년도 등록장애인 현황'을 발표했다. 2020년 말 기준 국내 등록장애인은 전체 인구대비 5.1%를 차지한다. 장애유형별로 살펴보면 15개 장애유형 분석 결과 지체장애가 45.8%로 가장 많다. 청각장애 15%, 시각장애 9.6%, 병변 9.5% 순으로 높다.[95] 보건부 통계에서 보여주듯 한국 사회에서 전체 인구대비 5.1%가 등록장애인에 속한다. 인류학자들이 말하는 것처럼 장애의 정의를 달리함에 따라 장애가 겉으로 잘 보이지 않을 수도 있지만, '이상하게 쳐다보지 마세요'라는 배지가 보여 주듯, 사람들은 장애인을 빤히 쳐다보면서 구경거리로 소비한다. 이런 시선에 저항하면서 그들은 탈시설 운동으로 세계 내 존재로 살아가고자 투쟁한다. 장애인등급제(장애정도에 따라 1-6등급)가 폐지되었음에도 개선되지 않는 장애인들의 인권을 위해 이들은 최전선에서 싸운다. 짐 승처럼 취급받고 조롱의 대상이었던 과거로부터 벗어나 바디 포지티브로 나아가려는 마당에 장애와 동물 되기를 동급으로 설정하는 수나우라 테일러Sunaura Taylor의 이론에 이들은 어떤 반응을 보일까?

휠체어 장애인인 수나우라 테일러는 장애인과 동물의 불구화를 주장한다.[96] 그것은 '불구가 어때서, 나 여기 있어, 나를 봐'라는 불구의 존재론을 통해 불구를 긍정하는 것이다. 그것은 '바보, 병신, 얼간이, 을병이' 등과 같이 불구에 부착된 모멸과 무시를 떨쳐내는 선언이다. 존재의 불구화를 통해 장애를 자긍심으로 활용하는 것이다. '우리'는 동물을 마음대로 죽이고 먹는 것을 마치 인간의 특권처럼 여겼다. 동물 지배를 정당화하기 위해 인간은 신도 발명한다. 신의 말씀에 따르면 인간은 만물의 영장이다. 인간의 동물 지배는 신이 허락한 신학적 특권이 된다. 철학적 정당화는 거의 언제나 인간과 동물이 가진 능력과 특징에 관한 비교에 의존했다. 인간은 언어, 이성, 지성, 직립, 도구를 사용하는 종이다. 이런 논의는 비장애 인간 신체뿐 아니라 지능을 가진 인간이라는 전제에 입각했다는 점에서 비장애 중심주의다. 사람들은 인간의 능력이나 윤리 도덕적인 면에서 의심의 여지없이 동물보다 자신이 우월하다고 믿는다.

그래서 '저 짐승보다 못한 놈'과 같은 욕설들이 튀어나온다. 동물을 연상시키는 인간들(여성, 유색인종, 퀴어, 빈민, 장애인 등) 또한 지적으로 결함이 있고 인간 이하 혹은 비인간으로 간주된다. 실제로 특정한 능력이나 역량들이 인간을 정의할 때 핵심 요소가 되면, 그것은 그로부터 배제된 인간과 비인간 동물들을 나누는 경계선으로 작동한다.

비장애/인간 중심주의는 동물의 고통을 영구적으로 지속시키는 가치 및 제도들을 조장한다. 동물 이용 산업들인 공장식 축산 농장에서부터 장애 치료 명분의 동물실험까지 동물의 착취와 고통에 바탕을 두고 인간의 안녕을 도모한다. '인간의 인간됨'을 완전무결한 자기 동질성에서 찾거나 순수한 자연과 같은 관념에서 찾는 것은 비장애 중심주의와 연결된다. 건강, 정상, 자립 개념은 적자생존과 같은 진화적 적합성으로 혼동된다. 비장애 중심주의는 비인간 동물과 장애인의 삶과 경험 모두에 가치가 없다고 폐기처분을 정당화하는 시스템을 구축하는 데 기여한다. 그런 시스템은 상이한 방식으로 사회적 약자들을 착취하고 억압하는 기제가 된다.[97]

장애인들은 페미니스트들과 마찬가지로 평등과 동등권을 위해 싸우지만 동시에 그들이 가진 차이와 다름(장애와 제약) 역시 가치가 있다고 주장한다. 장애 운동가들은 장애인이 장애에도 '불구하고' 가치가 있다고 주장하지 않는다. 장애로 인한 몸의 체현, 세계의 인지 방법, 그로 인한 경험의 다양성 자체가 가치 있고 존중받아야 한다고 주장한다. 장애 문화에 대한 이런 식의 가치부여는 동물 관련 정의에서도 매우 중요한 요소 중 하나다. 동물은 인간이 믿고 싶은 것보다 훨씬 더 인간과 유사하면서도 동시에 대단히 다르기 때문이다.

수나우라 테일러가 말하는 동물윤리의 '불구화' 기획은 비장애 중심주의가 어느 정도로 종 차별주의에 기여하는지 밝히는 것에 덧붙여, 그것이 동물의 권리를 옹호하는 커뮤니티에 어떤 방식으로 스며들어 있는지 검토하는 일을 동반한다. 예컨대 인간의 건강에 초점을 둔 비건 캠페인에서 장애는 항상 공포를 불러일으키는 비유로 사용된다. 동물 권리 담론에 깔린 비장애 중심주의는 동물 옹호가들이 일반적으로 사용하는 시위 구호에서 분명하게 나타난다. 동물이라는 "목소리 없는 자들을 위한 목소리"[98]라는 구호다. 동물들은 농인들처럼 목소리가 없는 것이 아니라 인간이 그들의 언어를 알지 못할 뿐이다. 누가 목소리를 가졌고 가지지 못했는지를 정의하는 일은 결코 단순한 문제가 아니다. "'목소리 없는 자'는 존재하지 않는다. 오직 침묵을 강요받았거나, 듣지 않으려 하기에 들리지 않게 된 자들이 있을 뿐"[99]이라고 아룬다티 로이Arundhati Roy는 통렬하게 지적한다. 목소리를 상실한 동물처럼 장애인들 또한 오랜 세월 동안 스스로의 필요와 욕망을 표현할 기회조차 갖기 힘들었다.

1970년대 피터 싱어와 같은 동물 권리 옹호자들의 통상적인 전술은 극단적인 장애의 비유를 들었다는 점에서 문제적이었다. 싱어는 동물 권리를 주장하기 위해서 동물보다 못한 실격의 인간들이 있다고 말한다. 모든 인간이 도덕적 판단과 지적 능력과 언어를 가지는 것은 아니다. 지적장애인, 치매 노인들, 농인들, 코마 환자들은 그런 능력을 갖추지 못한다. 싱어의 주장대로라면 그들은 동물보다 못하다. 어떤 능력이 과연 도덕적 판단과 직결되어 있는지를 결정하는 과정에서 그런 주장의 위험성이 드러난다. 싱어의 주장대로라면 도덕적 판단과 관련된 능력들(추론 역량, 즉 자기의식, 언어, 미래를 상상하는 능력, 죽음을 이해하는 능력 등)은 이성에 바탕을 둔 것이다. 이런 주장은 이성과 합리성의 정도에 따라 누가 도덕적으로 더 가치 있는 존재인지 밝힐 수 있다고 암묵적으로 전제한다. 싱어는 이런 집단에 속한 사람들의 가치 자체를 논쟁의 대상으로 만들고 위험에 노출시켰다고 수나우라 테일러는 비판한다.

싱어는 동물해방을 위해 장애인을 이중으로 희생시켰다. 장애라는 상처에 동물보다 못하다는 소금을 뿌렸다. 철학자 리시아 칼슨Licia Carlson은 지적 장애에 대한 '철학적 착취'를 비판하면서 중요한 질문을 던진다. "종차별에 반대하고 비인간동물의 도덕적 지위를 정의하기 위해 지적장애인의 사례를 굳이 언급해야 하는가? 우리는 과연 동물의 이해관계가 '중증 지적장애인'의 이해관계와 충돌한다고 생각해야 하는가?"[100] 이러한 주장은 특정한 도덕적 판단과 직결된 '신경전형적'[101] 인간 능력에 초점을 맞추는 것이다. 이런 비교는 두 집단 모두에게 해롭다. 그것은 도덕적 가치의 척도로 인간을 중심에 놓고 암묵적으로 지적장애의 가치를 폄하하는 것이다. 그것은 신경다양성을 무시하는 비장애 중심주의, 인간 중심주의다. 비장애, 비자폐 '정상인'들은 인간의 역량에서 본질적으로 더 가치 있는 존재들이라는 것을 당연한 듯 전제하기 때문이다.

하지만 페미니스트, 장애 활동가, 동물권 운동가, 생태 운동가들의 관계 또한 갈등의 지점들을 각자 갖고 있다. 담론은 언어의 비유와 은유를 떠나서 생각할 수가 없다. 성폭력을 당한 여성이 나는 '짐승'처럼 당했다고 표현할 수 있다. 성적 대상화된 여성 혹은 젖가슴을 가진 여성은 자신이 '젖소' 취급을 받았다고 분노한다. 그런데 동물권 입장에서는 인간 동물과 동물을 서열화하는 것을 반대하면서 여성=동물화에 분노하는 페미니스트와 갈등하게 된다. 동물 취급을 받아왔던 장애인들이 동물과 동격으로 동물 되기를 주장하는 테일러의 입장과 갈등할 수도 있다. 오랜 투쟁의 결과로 장애인=짐승으로 취급받았던 것에서 벗어나려는 지금 장애인을 또다시 동물로 환원시키는 것은 아니냐고 반발할 수도 있기 때문이다. 세부적인 사항에서는 다양한 갈등이 드러날 수도 있지만, 이런 운동은 비장애 인간 남성 이성 중심주의에 저항한다는 공통분모를 가지고 연대할 수 있다. 마거릿 프라이스Margaret Price를 비롯한 장애학자들도 이성을 동물억압과 장애억압의 핵심 요소로 지목한다. 이성에 대한 이런 정의는 가부장제, 제국주의, 인종주의, 계급주의, 비장애중심주의, 인간 중심주의와 같은 근대적 기획에서 비롯되었다고 해도 지나친 말은 아닐 것이다.[102]

동물 되기와 장애인을 동격에 두는 수나우라 테일러의 경우 신경다양증(과거의 자폐증)자들의 영웅적인 모델이었던 템플 그랜딘Temple Grandin을 신랄하게 비판한다. 도축장을 설계하고 동물살해를 정당화했다는 것에 대한 수나우라의 비판이 나로서는 과도한 것처럼 느껴졌다. 나는 비건도 아니고 동물을 잡아먹고 싶은 충동에 지배되는 사람이므로 수나우라의 비판이 과도하게 다가왔을 수도 있다. 템플 그랜딘은 신경다양증자이고 동물학자이다. 그녀는 동물의 언어를 이해하는 특별한 능력을 가졌다. 소를 사랑하고 소의 눈으로 세계를 '우감'한다. ≪나는 그림으로 생각한다≫로 번역된 그랜딘 책의 인상적인 소제목은 8장 〈우감도〈A Cow's Eye View〉다. 소와 소통하는 언어를 발견하고 그로 인해 공포와 고통 없이 소들을 도축할 수 있는 도축장을 설계한 인물이기도 하다. 얼핏 보면 소를 너무 사랑해서 소를 죽이는 그랜딘을 이해하는 것은 쉽지 않다. 그랜딘의 책은 자폐인이 자폐에 관해 논의한 최초의 책이다. 이 책을 통해 모순적인 그랜딘의 행동이 어느 정도 이해가 되었다. 그녀에 따르면 무엇보다 자폐인들은 복잡한 감정을 이해하지 못한다. 죽음에 대한 감정이 없으므로 죽음을 잘 감당하는 편이라고 그랜딘은 건조하게 말한다. 누구나 죽듯 소들도 죽는다면 편안하게 고통 없이 죽도록 해주는 것이 그녀가 할 일이라고 여긴다. 미국 도살장의 50퍼센트가 그녀가 설계한 도살장 모델이다. 도축은 동물을 영원히 살게 만드는 '인도적' 방식이라는 것이 그녀가 보여준 아이러니다.[103] 이런 점들이 동물권 운동가와 장애가 매끄럽게 만나서 연대할 수 없는 지점들이다. 비건들은 동물 살해를 스포츠로 여기는 사냥에 대해 분노하지만 타냐 타가크와 같은 이누이트 가수는 자기 부족의 전통적인 생존방식으로서 사냥을 정당화한다. 그들에게 물개, 연어 등의 사냥 없이 생존은 불가능하기 때문이다.

페미니즘×퀴어×장애×동물권 교차성과 마주하면서 이들 사이에 연대는 말처럼 쉽지 않다는 점을 알게 된다. 사회적 약자, 소수자라는 범주로 쉽게 연대할 수 없는 이유는 각자의 정체성과 이해관계가 섬세하게 차이를 드러내기 때문이다. 페미니즘이 여성의 성적 대상화를 짐승의 비유를 들어 말하면, 동물해방론자들은 그런 비유가 종차별에 해당된다고 비판한다. 장애인이 성적 대상화마저 욕망할 정도라고 말하면 페미니스트들에게 이것은 여성해방 투쟁의 역사를 무화시키는 백래

시처럼 들린다고 비판한다. 쾌고감수능력으로 동물권을 설득하면서 고통조차 마비된 장애인과 비교해서 그런 장애인보다 고통을 느끼는 동물이 낫다는 식의 비유는 장애인 비하로 빠져버린다. 동물/인간을 구분하는 의식, 언어, 이성의 범주 또한 지극히 비장애 인간 남성을 중심으로 한 것임이 드러난다. 지상의 다양하고 신비한 생명체 및 비생명체들은 다양한 능력에서 비롯된 다양한 종류의 책임들을 섬세하게 이해해야 할 필요가 있다. 여기서 말하는 동물이란 무엇이고 누구를 말하는 것이냐라는 언뜻 보기엔 매우 단순한 질문에조차 제대로 대답하기는 쉽지 않다. 인간과 함께 더불어 살아가는 존재들은 인간 중심적으로 설정된 정의를 완강하게 거부하기 때문이다.

반려종 휠체어/크립보그cripborg 선언 ──── ☼

반려종은 유기체에 국한되는 것은 아니다. 김원영은 해러웨이의 〈반려종 선언문〉에 영향을 받은 듯 휠체어를 하나의 반려종으로 선언한다. 그에게 자신의 휠체어는 자신과 접속되어 있는 하나의 반려종이다.[104] 앨리슨 케이퍼 또한 〈크립 친족 선언하기Crip, Kin, Manifesting〉에서 수나우라 테일러가 그린 휠체어 이미지를 분석한다. 그녀에게 휠체어는 차가운 금속성 재질이 아니라 털북숭이 강아지처럼 따뜻하고 신나게 바퀴를 굴리면서 달릴 수도 있는 친근하고 유쾌한 생명체로 보인다. 휠체어 장애인에게 휠체어는 시각장애인의 안내견만큼이나 접속되고 합체되어 있다.

〈크립 테크노사이언스 선언〉[105]은 크립을 재해석하고 재전유함으로써 정상성 이데올로기에 도전한다. 크립crip은 불구, 경멸적인 어휘로 병신이라는 뜻이지만 '불구가 어때서'라는 긍정적 가치로 전환된 담론이다. 장애여성공감은 20주년 선언문에서 '불구'라는 어휘를 자긍심으로 재전유함으로써 그 말이 의미했던 경멸과 낙인의 효과를 제거하는 불구화의 정치를 전면에 내세웠다.

불구의 시간성crip time을 주장함으로써 근대적인 자족성, 자율성, 자립이 아닌 상호의존성을, 기능적 분리가 아닌 개개인의 연결망을, 신체적 자율성이 아니라 공동체의 연대를 존중하게 된다[106]고 장애 운동가 폴 롱 모어Paul Longmore는 주장한다. 이런 불구화의 전략은 비장애 중심주의, 장애 차별에 저항하기 위해 정상성, 생산성, 효율성, 속도, 젊음과 같은 근대적 인간 주체의 개념을 교란시키고 흔들어놓는 것이다. 앨리슨 케이퍼는 장애를 차이와 다름의 시간성이자, 관습적인 인지를 낯설게 함으로써 세계를 새롭고 다르게 인식하는 예술적 경향성으로 연결시킨다. 케이퍼는 수나우라 테일러, 리사 부파노Lisa Bufano, 천-샨(샌디) 리Chun-Shan (Sandie) Yi의 작품을 통해 불구의 미학화와 정치화를 거론한다. 여기서 케이퍼는 현대의 테크놀로지를 크립 친족을 만드는 가능성의 장치로 활용한다. 크립 친족은 생물학적 혈연, 인간중심, 유기체 재생산 중심이 아니라 해러웨이식으로 말하자면 괴상한odd 친족과의 친밀성과 가능성을 열어두는 것이다.

대만의 예술가 샌디 리는 아동복을 만들되, 두 팔을 균형과 조화가 아니라 부조화와 비대칭적인 불구형태로 만든다.[107] 예술치료사로 훈련받은 샌디 리는 팔다리가 '기형적인' 제각기 다른 아이들과 만나면서 그런 '기괴한' 형태를 수치와 낙인이 아닌 방식으로 표현하고자 한다. 자기 몸에 맞는 치수와 디자인을 찾을 수 없어서 소외감을 느끼고 소속감을 느끼지 못하는 아이들에게 그녀가 만든 옷은 자긍심을 부여해주는 예술적인 작업이었다. 리에게 장애는 새로운 친족을 상상하는 촉매로 작동한다.

Chun-Shan (Sandie) Yi, Babies·Onesies #1 and #3(좌), Gloves for 2(우)[108]

불구성은 테크노사이언스와 사이보그적인 이미지로 쉽사리 접속된다. 장애인들에게 테크놀로지는 창조적인 도구라기보다 보조적인 기능으로 간주된다. 이런 맥락에서 〈크립-테크노사이언스 선언문〉을 제안했던 햄라이Aimi Hamraie와 프리치Kelly Fritsch는 기존의 장애 테크노사이언스disability technoscience와 다른 크립 테크노사이언스crip technoscience를 선언한다. 기존의 장애 테크노사이언스는 전통적인 전문가들이 장애인을 '위해서' 도구를 설계하는 것으로 이해된다. 그것은 장애인과 더불어 혹은 장애인에 의해서 설계된 것이 아니었다. 장애인들은 고안된 장치들의 사용자, 소비자로 간주된다는 점에서 수동적인 고객으로 취급된다. 비장애 전문가들은 솔루션 전문가로서 장애인의 애로사항과 특별한 요구사항의 해결사가 된다. 특별한 요구special need라고 하면 장애인들은 주류의 규범성에서 벗어난 소수의 특수한 이해관계로 장애인들의 요구를 연상하게 된다. 비장애인 전문가들이 만든 테크노 기구들은 장애인을 '위한' 것이자 연민과 시혜의 차원에서 그들을 보조하는 것처럼 간주된다.[109] 이런 기술들은 장애의 문제를 개인적인 탓으로 돌림으로써 장애로 인한 불평등의 문제를 탈 정치화한다.

크립 선언문에 따르면 장애인은 자신의 환경과 도구를 스스로 디자인하는 제작자이다. 그들은 자기 휠체어를 스스로 수리하고 결함을 고친다. 청각장애인을 위한 보도 연석cut curb은 1960년대 캘리포니아에서 장애 운동 활동가들이 밤중에 나가서 보도와 차도가 만나는 사각형 지대에 시멘트로 경사로를 만듦으로써 널리 보급되었다. 그로 인해 연석은 장애인의 휠체어뿐만 아니라 자전거, 스케이트보드를 타는 일반인들도 이용하게 된다. 장애인 접근권 운동의 일환으로 법으로 제정된 연석은 캐리어 운반자, 보행기, 유모차를 끄는 부모들 모두 보편적으로 이용할 수 있게 되었다. 그것이 '커트 커브 효과'다. 커트 커브 효과는 장애인들의 투쟁으로 장애인을 위해 만들어진 것이지만 일반인 모두에게 이용될 수 있는 효과다. TV 자막은 청각장애인을 위한 것이지만 소리 없이 자막으로만 들을 수 있다. 스포츠 경기를 중계하는 시끄러운 술집에서 자막으로 잘 들리지 않는 소리를 보충할 수 있다. 이러한 것들이 비청각장애자도 누릴 수 있는 자막효과다. 이처럼 한 사회에서 최소혜택을 누리는 자들을 기본가로 세계를 설계하면 모두에게 혜택이 돌아가게 된다. 그것이 보편복지와 사회정의를 실현하는 방식이 된다.

불구의 시간성crip time은 차이와 다름의 시간성이다. 인간은 장애인이든 비장애인이든 서로 다른 속도로 살고 있다. 그럼에도 불구하고 비장애인의 시간을 표준화하고 정상화하여 모든 시간을 일직선으로 고정시킨 것을 비틀어서 시간의 불구화를 지향하는 것이 불구의 시간성이다.

장애 운동가 앤 맥도널드Anne McDonald는 달팽이만큼 느린 속도로 삶을 슬로우 모션으로 살고 있다고 말한다. 노화를 경험하는 사람들도 마찬가지다.[110] 노인의 느릿느릿 감각 · 지각되는 속도는 젊은 세대가 경험하는 속도와는 다르다. 각자가 불구의 시간성 속에서 살아가고 있음에도 장애인들에게만 정상적 표준적 능률적인 시간을 살지 않으면 쓸모없는 존재처럼 배제한다.

크립 테크노사이언스는 비장애 기술전문가들이 장애인을 '위한' 기술이 아니라 장애인과 '함께 더불어' 만들어나가는 기술정치의 실현을 위해 네 가지를 선언한다. 1)장애인을 기술의 수혜자, 단순한 사용자가 아니라 생산자, 창조자로 간주하고자 한다. 2)정치적 마찰과 논쟁의 장소로서 접근성을 강조한다. 3)정치적 기술로서 상호의존성과 공존을 중시한다. 4)장애 정의 실현에 집중한다. 단지 장애인만이 공동체에 의존하는 것이 아니라 누구든지 인간의 취약함으로 인해 타인에게 상호의존하지 않을 수 없다. 독립이 근대 주체의 이상이라고 한다면 의존은 불구성을 뜻하는 것이 된다. 누구나 의존하지 않을 수 없다는 점에서 우리는 일직선적liner이고 똑바른straight 시간성을 사는 것이 아니라 휘어지고 구불구불한 시공간에서 삐걱거리면서 살지 않을 수 없다. 그런 맥락에서 비장애 중심주의, 정상성은 무너지게 된다. 보철화된 불구의 사이보그는 크립보그cripborg로 산다는 것과 다르지 않다.[111]

크립보그는 기술적인 증강을 통해 초인이 되려는 욕망처럼 들리기도 한다. 기능 만능이라는 점에서 테크노에이블리즘의 한 형태가 될 수도 있다. BBC 6부작 시리즈 〈이어스 앤 이어스Years and Years〉는 근미래(2035)

를 다룬 SF적인 상상력이 돋보이는 드라마다. 여기에 등장하는 베서니는 국가로부터 막대한 공적 지원금을 받아서 자신을 슈퍼 사이보그화한다. 뇌에 데이터 칩을 심고 안구에는 카메라를 장착하여 새로운 원더우먼이 되는 데 기꺼이 동의한다. 인체의 기능을 하나씩 증강할 때마다 베서니는 자신이 초월적이고 불멸에 다가가는 것으로 여긴다. 이런 환상이 테크노에이블리즘이다. 김원영의 표현에 따르자면 그것은 과학기술의 힘을 빌려 덜컹거리는 이음새 없이 매끈한 인체 증강기술로 능력을 최대화하는 것이다.[112] 한 종種으로서 인간이 보여줄 수 있는 전형적, 표준적인 기능을 회복하는 것을 넘어서 장애인이 가진 손상을 매끈하고 완벽하게 치료할 수 있을 것[113]이라는 믿음이 다름 아닌 테크노에이블리즘의 신화다. 김원영은 그런 '매끄러움의 유혹'을 심리스seamless 기술이라고 지적한다. 옷감을 서로 덧댈 때 이음새가 생길 수밖에 없다. 바느질을 한 틈새와 균열이 있기 때문이다. 그런데 바로 그런 이음새가 드러나지 않게 천의무봉天衣無縫으로 완벽에 도달하겠다는 야심이 테크노에이블리즘이라고 한다면, 그것은 삶에서 드러나는 우연성, 다공성을 테크노사이언스로 통제할 수 있으리라고 믿는 것이다. 그렇게 되면 또다시 장애는 결핍이고 치료와 교정의 대상이라는 입장과 맞물리게 된다.

장애를 치료와 교정의 대상도, 연민의 대상도 아닌 하나의 다름으로 보여주고 있는 SF 작품이 엘리자베스 문의 《어둠의 속도》다. 장애는 교정의 대상이 아니라 선택이라는 점을 보여주는 신경다양증자의 이야기다.

≪어둠의 속도≫:
선택으로서 장애

　≪어둠의 속도≫는 근대적 시간성에 대한 철학적 질문을 제기하는 사변소설이다. 소설의 배경은 근미래다. 천연두가 사라진 것처럼 유전공학, 의료과학적 테크놀로지의 발전으로 인해 더는 자폐가 없는 세상이 되었다. 모든 신체적 장애는 태아기 혹은 유년기에 유전자 성형으로 치료가 가능해졌기 때문이다. 하지만 그런 치료법이 개발되기 이전에 이미 성년이 된 자폐인들은 장애를 안고 살아간다. 화자인 주인공 '나' 루 애런데일은 그런 마지막 세대 자폐인이다.

　≪나는 그림으로 생각한다≫에서 템플 그랜딘은 신경다양증 중에서도 아스퍼거 증후군에 속한다. 아스퍼거는 고기능 자폐여서 때로는 자폐로 진단이 나오지 않을 수도 있고 자립 생활이 가능할 수도 있다. 하지만 저기능 자폐일 경우 가장 기본적인 일상생활이 불가능해 타인의 도움을 받아야 할 수도 있다. 이처럼 자폐의 스펙트럼은 넓고 다양해서 하나로 묶어서 말하기 힘들다.

　자폐(신경다양증)의 스펙트럼은 너무나도 다양하지만 그중에서 몇 가지를 언급한다면, 자폐인은 극도로 변화를 싫어한다. 여기서 한 가지

지적하고 넘어가자면, 우리는 자폐인을 흔히 자폐라고 부른다. 자폐인이 항상 어린아이에 머물러 있는 것처럼 자폐인을 어린아이 취급하는 것이다. 자신이 만들어놓은 질서와 규칙의 변화가 자폐인들에게는 공포다. 자신이 정해놓은 규칙이나 질서에서 벗어난 상황에 대처할 수가 없기 때문이다. 둘째로 그들은 타인의 감정을 읽지 못한다. ≪한밤중에 개에게 일어난 의문의 사건≫에서 아스퍼거이자 오로지 수에만 관심이 있는 크리스토퍼는 타인의 감정을 읽지 못한다. 그런 자신을 그는 소수에 비유한다. 어떤 숫자와도 관계 맺지 않는 것이 소수의 특징인 것처럼, 그 또한 분리된 섬처럼 실존적인 고독한 자아 바깥의 세계와 교류하지 못한다. 크리스토퍼는 간신히 기쁨과 분노의 감정을 구분하지만 그런 감정변화는 언제나 너무 빠르게 순식간에 일어난다. 그래서 그는 신경진형증자들의 산만하고 느닷없는 감정변화의 속도를 따라가지 못한다. 그러다 보니 주변 사람들의 감정변화, 표정 변화를 읽지 못한다.

그럼에도 신경다양증자들은 다수인 신경전형증자와는 다른 능력을 가질 수 있다. 그래서 감정을 느끼지 못하면서도 그랜딘처럼 소의 감정을 읽어내는 특별하고 예외적인 능력이 있을 수도 있다. 그랜딘은 자신이 가진 그런 특별한 능력을 이미지 연상으로 설명한다. 요정들sprite을 들으면 냉장고에 든 스프라이트가 떠오르고, 하늘에 계신 우리 아버지 Thou art in heaven라는 기도문은 하느님이 구름 위에서 이젤에 그림을 그리는 모습으로 연상된다. 요소element를 들으면서 화학에서의 주기율표가 이미지로 떠오른다. 그런 연상적 사고 패턴으로 인해 그랜딘은 세계를 그림으로 생각한다.

셋째로 신경다양증자들은 일반화 능력이 거의 없고 문자적이어서 행동에 융통성이 전혀 없다. 템플 그랜딘은 ≪나는 그림으로 생각한다≫에서 신경다양증자인 테드 하트의 사례를 들고 있다. 테드는 일반화 능력이 거의 없다. 세탁기의 건조기가 고장났지만 아버지한테서 배운 사용법대로 실행한다. 세탁하는 순서에 따라 건조기에 빨래를 집어넣은 테드는 고장 난 건조기에서 꺼낸 옷들을 옷장에 걸어두었다. 물이 뚝뚝 떨어지는 상태로. 이처럼 경직된 행동은 일반화와 구체화 능력이 부족하기 때문이다. 알고리즘대로 행동하는 AI를 연상하면 신경다양증자의 행동이 이해가 된다.

넷째로 그들은 시각보다 촉각에 의존하는 경우가 흔하다. 올리브 색스의 ≪보지만 보이지 않는≫에서 시력을 되찾은 맹인은 먼저 만져보아야만 사물이 보인다고 말한다. 수술을 통해 시신경이 회복되었음에도 먼저 만져보아야만 그의 눈에 들어온다는 것이다. 그렇기 때문에 자폐인들 중에는 자기 몸의 경계가 어디까지인지 심각한 장애를 경험하는 경우도 있다.

이런 자폐의 증상 등을 염두에 둔다면 ≪어둠의 속도≫는 신경다양증자의 자기보고서이자 자서전처럼 읽힌다. 자폐인인 루의 1인칭 화자 시선으로 소설이 전개되기 때문에, 독자로서는 루와 자연스럽게 감정이입 하면서 동일시하기 쉽다. 이 소설의 배경이 된 근미래는 유전자 성형을 통해 자폐가 아예 없어졌다. 과거의 잔재로 남은 신경다양증자들도 사회적 환경이 개선되어 자립 생활이 충분히 가능하다. 21세기 초반이었더라면 이 소설의 화자인 루는 시설에서 평생 보냈을 테지만, 지금은 초기 개입, 교육 방법, 컴퓨터를 이용한 감각 통합 훈련 분야의 발전 덕분에 그는 좋은 직장을 갖고 독립해서 산다. 21세기 초반의 장애학이 장애를 자긍심으로 선언했던 것이 현실화되어서 장애인은 더는 수치와 낙인이 아니라 장애 정체성 자체를 긍정적으로 받아들인다. 치료를 아예 거부하지 않는 한, 정상이 무슨 뜻이든지 간에 그들은 정상인처럼 살 수 있다.

루는 신경다양증자 중에서도 20세기 언어로 말하자면 서번트autistic savant였다. 특정한 감각지각과 인식이 발달한 천재형이었다. 부모의 도움으로 대학교육을 받았고 수학과 컴퓨터에 특별났던 그는 가능한 타인의 짐이 되지 않으면서 살아가려고 노력한다. 연습과 훈련을 통해 펜싱의 매 단계를 습득해나가고, 자폐 증상으로 불안해지면 체육관 트램펄린에서 뛰고 음악을 들으면서 자신을 통제할 수 있는 능력도 있다. 루는 자신이 구현해놓은 모든 평온과 질서가 흔들리게 되면 공포에 사로잡힌다.[114] 그래서 패턴을 지각하고 그것을 통해 자신을 진정시키는 훈련을 해나간다. 비자폐인이 보여주는 감정 기복과 자기 통제능력의 상실과 비교해볼 때, 루야말로 지극히 이성적으로 보인다. 그런 맥락에서 정상성이 무엇인지를 심문하게 만드는 철학적 존재가 루 애런데일이다. 루의 심리치료사가 오히려 더 불안정해 보이고 산만하다. 반면 감정적 동요가 전혀 없는 루가 훨씬 더 침착하고 이성적으로 보인다.

루의 상관인 크렌쇼는 자폐인들에게 지출되는 경비를 줄임으로써 회사의 입장에서 최대의 이익을 실현하려고 한다. 그는 비용 편익만을 고려하는 전형적인(혹은 신경전형증적인) 기업가형 주체처럼 보인다. 그는 효과를 아직 확신할 수 없는 자폐 치료제를 자폐인들에게 강요한다. 자폐인에게 적합한 특수한 환경을 특혜라고 여기는 크렌쇼의 입장에서 자폐인 전용시설은 회사에 엄청난 부담이다. 개인 체육관, 음향 설비, 주차장, 스톡옵션, 정신과 상담, 온갖 장난감까지. 자폐인을 치료해서 정상으로 만드는 치료제가 나온다면, 이런 특권적이고 사치스러운 환경은 불필요해진다는 것이 크렌쇼의 논리다. 근미래는 인권이 개선되어, 질병을 갖고 있더라도 강제로 치료받도록 할 수는 없다. 크렌쇼는 어떤 미친 인간이 병든 상태를 선호하겠냐고 말한다. 치료를 거부한다면 그것이야말로 미친 것이 분명하고, 정신감정의 대상이라고 여긴다. 크렌쇼는 〈네이처 뉴로사이언스〉에 발표한 실험단계에 있는 치료를 받으라고 요구한다.

펜싱 코치이자 화학 교수인 톰의 펜싱 하우스에 나오는 돈은 백인 하층 노동자다. 돈은 실직상태다. 게다가 비장애인인 마저리가 백인 남성인 자신이 아니라 '병신' 자폐아인 루에게 더 많은 관심이 있다는 사실에 분노하다. 그는 병신들이 정상인들보다 더 좋은 직장에서 더 많은 복지 혜택을 누리면서 산다는 것을 받아들일 수 없다. 자신이 루저가 되고 실직자가 된 것은 자기 세금으로 특혜를 누리는 이들 탓이라는 울분을 토한다. 그들이 아니었다면 백인 쓰레기 하층 노동자가 되지는 않았을 것이라면서 루를 혐오하고 공격한다.[115]

루는 돈의 분노와 마주치면서 무지는 언제나 지보다 빠르다고 여긴다. 어둠을 무지라고 한다면, 무지를 비추는 앎은 무지의 뒤를 따른다. 빛보다 어둠이 먼저 도착해 있고 그런 맥락에서 무지는 지를 언제나 앞지른다. 펜싱 시합에 나가면서 루는 톰과 루시아 부부에게 빛의 속도가 있다면 어둠의 속도는 어떻게 되냐고 묻는다. 루시아가 대답한다. "어둠에는 속도가 없어. 그저 빛이 없는 곳일 뿐이지. 부재에 붙인 명칭일 뿐이야." 그러자 루는 "어둠은 빛이 없는 곳이죠. 빛이 아직 도착하지 않은 곳이요. 어둠이 더 빠를 수도 있어요. 항상 먼저 있으니까요."라고 답한다.[116]

루는 아직 효과가 확실한 것은 아니지만 치료와 관련하여 뇌과학 생화학 등을 공부한 다음 스스로 결단을 내린다. 흔히 자폐인들은 자기 이외의 세계와 관심이 없어서 사회적 상호작용에 그다지 관심도 없고 영향도 받지 않는다고 생각하지만 그렇지 않다. 루는 타인이 싫어하는 행동 패턴이 나타나면 기분이 좋지 않다. 불안을 진정시키기 위해 트램펄린 위에서 한동안 뛰고 나면 진정이 된다. 그런 반응은 루가 타인에게 무관심한 것이 아니라 타인과의 관계 맺기 방식이 비자폐인들과 다를 뿐이라는 점을 보여준다. 정상인이 처리하는 속도와 자폐인들이 처리하는 속도는 동일하지 않다. 다름의 시간성을 불구의 시간성이라고 한다면 루는 자기 나름의 흐름과 감각지각과 인지 속도를 가진다는 점에서 불구의 시간을 살아간다.

루의 사고를 따라가다 보면 왜 자폐인이 치료를 거부하는지, 그때 치료의 의미가 무엇인지를 이해하게 된다. 정상인들이 자폐인을 이해하는 속도는 너무 느리다. 정상인들이야말로 정상성이라는 화석화된 신경전형증적 시간성에 갇혀 있는 셈이다. 화자인 '나'는 치료를 받아서 정상이면서 지금과 같은 사람인 '나'를 상상할 수가 없다.[117] 치료가 바꾸려는 것이 자신의 뇌이고 그것을 바꿀 때 현재의 자신과 과거의 자신이 미래의 자신과 동일한 정체성, 기억을 가진 것이라고 어떻게 말할 수 있는가? 서른다섯 살까지 자폐인으로서 쌓아 올린 기억들, 경험들, 이야기들을 전부 잃었다고 해도 과연 자신을 자신이라고 말할 수 있는가? 자폐인으로서 자기 정체성을 갖고 살아왔던 모든 것을 상실하고도 여전히 자신을 자신이라고 말할 수 있는 것이 무엇인가? 루는 철학적 질문에 봉착한다. 자폐가 루의 정체성의 하나라고 한다면, 그것을 제거하고도 '루는 루'라고 말할 수 있는가? 그럴 때 자폐를 떼어내고서도 여전히 나 자신이라고 한다면, 자폐가 그의 정체성이 될 수는 없지 않겠는가? 그렇다면 자폐증자로서 자신은 무엇이었던가?

이런 심사숙고 끝에 루는 스스로 수술을 받는 쪽으로 선택한다. 동료 자폐인 중에는 수술을 거부하는 자들도 있다. 루는 수술을 받고 과거의 기억과 감각지각 경험을 잃는다. 과거의 루는 사라졌다. 과거의 루는 천재적인 자폐증자였다면 이제 그는 평범한 사회인으로서 야간대학을 다니고 직장에서 일을 한다. 마저리를 알아보았지만 과거와 같은 사랑의 감정은 느끼지 못한다. 루는 위험을 감수하고 나아가기를, 변화하기를 자기 의지로 선택한다. 지금의 '나'가 되기를 선택한다. 수술이 끝나고 나면 무엇이 자신을 기다리고 있을지 그는 알지 못하지만 그런 불확실성까지 자기가 선택한 책임으로 간주한다. 그의 사유처럼 어둠은 언제나 그곳에서 기다리고 있다. 그런 의미에서 어둠은 언제나 빛보다 앞선다.

치료를 하면 신비한 마법처럼 휠체어 장애인이 벌떡 일어나서 걷게 되고, 자폐와 더불어 경험했던 기억이 각인된 몸에서 자폐 증상만 깨끗이 사라져서, 완벽하게 정상적인 삶이 가능하리라는 믿음은 그야말로 신화다. ≪어둠의 속도≫는 그 점을 잘 보여준다. 상호의존과 상호 보살핌은 인간의 삶의 조건이다. 의존하지 않고 살 수 있는 사람은 없다. 그럼에도 세 살이면 벗어나게 되는 기저귀를 다시 차게 되고 자신이 누구인지도 기억하지 못하는 장면을 보게 되면, 내가 저런 처지가 아니라서 다행이라 여기며 그런 불구의 시간성을 사는 사람들이 어디 별세계에 있는 것처럼 연민하면서 장애를 그들의 개인적인 치부이자 개인적인 문제라고 환원시킨다.

퀴어와 장애의 교차점에서 인간과 다른 종으로서 동물들, 이 지구상에 서식하는 모든 존재들과 더불어 살아가야 한다. 인간이 만물의 영장이라는 오만한 근대적 패러다임은 그 시효를 다했다. 그럼에도 몸에 밴 습관은 용도가 폐기된 이후로도 오래 남아 있는 법이다. 변화에 저항하면서. 그런 변화의 시간성은 다름 아닌 불구의 시간성이며, 이것과 만나야 하는 낯선 경험이 두렵기 때문이다.

그래서 무지는 지보다 먼저 도착한다. 미래가 현재보다 먼저 도착하는 것처럼.

김초엽 작가 자신이 청각 장애인임을 밝힌 바 있다. 우리는 안경을 쓴 사람을 장애라고 여기지 않는 반면 보청기를 한 사람은 청각 장애인으로 여긴다. 청각 장애인은 보청기를 감춰야 할 것으로 여기고 청각장애는 낙인으로 간주된다. 작가 노트에서 보다시피 김초엽 작가의 최근 관심사는 장애학이고, 장애를 어떻게 받아들여야 하는가에 관한 스토리텔링이 단편 〈인지 공간〉이다.

인지 공간의 관리자인 나, 제나는 이브와 절친이다. 이브는 나와 달리 아주 체격이 작다. 기존의 '소인증'이라고 부를만한 체격이다. 또래 아이들과 체격과 연약함에서 현저히 차이가 난다. 공동체의 어른들은 좋은 뜻으로 이브를 불쌍히 여겼고, 아이들은 이브를 괴롭혔다. 그런 이브의 보호자 역할을 자처하면서 나는 이브와 친구가 되었다.

여기서 인지 공간은 공동체의 지식을 축적하는 공간이다. 다중지성의 저장소라고 할 수 있는 인지 공간은 격자로 되어 있다. 인지 공간은 수평 수직으로 뻗어있어서 상위의 지식을 탐구하려면 사다리를 타고 올라가 격자 위에서 발을 헛디디지 않을 만큼 강건한 신체가 필요하므로, 이브는 자연스럽게 배제된다. 친구인 제나마저도 이브가 격자의 인지 공간에 들어오지 못하는 것을 당연하게 받아들인다. 제나는 그러면서도 죄책감과 불편함을 동시에 느낀다.

하지만 이브는 자기 나름의 인지 공간을 만들어 기존 인지 공간의 결함을 지적한다. 제나는 인지 공간의 관리자로서 이브가 지적하는 결함을 받아들일 수가 없다. 이브는 인지 공간에서는 인간 문명이 전해준 기억이 정보저장의 효율성을 위해 삭제되고 있다고 지적한다. 정보가 삭제되면 존재했던 것들도 아무도 기억하지 못하게 된다. 제나와 이브가 어렸을 적, 밤하늘에는 세 개의 달이 있었지만[118] 지금은 하나밖에 없어도 아무도 그것에 대해 말하지 않는다. 더는 기억하지 못하는 것은 존재하지 않는 것이 된다. 이브의 지적은 인지 공간의 관리자로서 '나'가 해온 일을 부정하는 것 같아서 '나'는 기분이 나빠진다.

이브는 자기만의 인지 공간을 만들기 위해 '혼자 바깥 세계를 배회하다가 들짐승에게 습격당해'[119] 허무하게 죽는다. 공동체의 학자들은 이브에 대한 기억을 인지 공간에서 삭제하기로 결정한다. 낡은 지식은 새로운 지식으로 대체되고, 기억될 가치가 없는 지식은 지워진다. 그와 마찬가지로 이브에 대한 정보는 어디에도 없다. 공동체 사람들은 이브가 존재했다는 사실조차 이제 기억하지 못한다. 정보가 지워지면 존재했던 것들 또한 삭제된다는 이브의 말을 제나는 수긍하지 않을 수 없게 된다.

크립보그인 이브의 예술가적인 감각과 인지 공간의 설계가 보여주듯 공동의 인지 공간을 가지면서 개인의 인지 공간이 공존할 수 있어야 한다는 것을 '나'는 깨닫게 된다. 그것은 분열이 아니라 다른 종류의 진실을 만들어내는 방법일 수도 있으니까.

이제 장애 자체를 다른 몸으로 인정하는 방향으로 나가고 있다.[120] 유럽우주국ESA은 '국제장애인올림픽위원회IPC'의 조언을 구해 무릎 아래 손실이나 현격한 다리 길이 차이, 키 130㎝ 이하 등을 우주비행사 지원이 가능한 신체장애로 제시했다. 우주비행사 선발에서 여성, 신체 장애인을 선발하는 것은 유럽우주국이 처음이다.

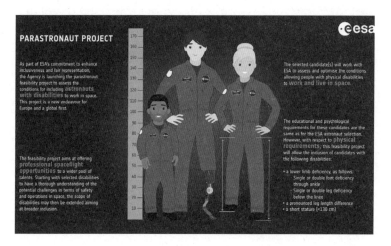

유럽우주국(ESA)의 신체장애 우주비행사 선발 공고문[121]

무엇을 장애로 규정하는지는 상황에 따라 달라진다. 휠체어 장애인의 경우 무중력상태인 우주공간에서 오히려 이동이 자유로울 수도 있다. 우주공간에서 맹인과 농인의 경우에도 점자와 시각매체를 통해 장애가 장애가 되지 않도록 해결하는 방안이 모색되고 있다. 장애가 고쳐야 할 비정상 상태가 아니라 다름과 차이로 수용될, 다양성의 확장이 가능해지고 지속가능한 공존의 영역은 확대된다.

페미니즘×장애×사이보그×동물 되기는 15cm 끈을 묶고 함께 달리는 청각 장애인 선수와 활동 보조인 러너와의 관계로 비유할 수 있다. 2020년 도쿄 올림픽에서 시각 장애인 수사나 로드리게스Susana Rodriguez는 시각장애등급 트라이애슬론 경기에 출전하여 가이드 러너인 사라 로어와 함께 달렸다. 장애와 비장애인들은 상호의존성으로 인해 연결되어 있다. 서로가 서로의 취약성으로 인해 관계망을 형성하면서 살아가야 한다는 점에서 그렇다.

심지어 의료과학 기술의 발전으로 신경다양증자 루가 빈곤한 백인 하층 노동자 남성인 평범한 신경전형증자 돈보다 탁월하고 오히려 특권적인 삶을 누리는 것처럼 보일 지경이다. 돈이 루의 삶을 질투해서 파괴하고 싶은 충동이 일어날 만큼. 패럴림픽에서 보철화된 장애인들은 AI 사이보그와 합체되어 멋지게 비상한다. 〈이어스 앤 이어스〉의 베서니처럼 '멀쩡한' 몸에 AI칩으로 보철화한 초인간을 욕망하는 인간의 꿈이 실현되고 있는 것처럼 보이는 시대다. 장애, 비장애를 넘어서 몸을 보철화하고 증강함으로써 마치 슈퍼 인간이 될 수 있을 것 같은 착각을 불러일으키기도 한다.

슈퍼 부자들은 스페이스X를 타고 무중력을 경험하면서 지구 행성 바깥의 500km 지점의 궤도를 따라 순환하고 즐긴다. 2050년 화성으로 2백만 명을 이주시키겠다는 야심찬 계획을 일론 머스크는 발표했다. 그들이 배출하는 탄소발자국으로 지구 행성이 쓰레기 행성이 되면 언제라도 화성으로 이주하겠다는 계획을 아무렇지도 않게 발표한다.

그와는 다른 방향에서 유럽우주국은 계급, 인종, 젠더, 종교를 떠나,

각 부문의 공정한 대표성을 고민하지 않을 수 없고, 그런 고민은 신체적 장애, 소수자에게 우주비행사의 가능성을 열어둠으로써 공정할 수 있는 대안을 상징적으로 제시한 셈이다.

이런 시대에 다시 인간으로 살아간다는 것의 의미가 무엇인지를 고민하지 않을 수 없다. 지구 행성에서 인간만이 특권적인 존재로서 지구 자원을 독점하지 않을 수 있는 공존의 윤리로 지속가능한 삶의 방향성을 제시해야 할 것이다. 취약성에 노출된 나약한 종들은 갈등하고 싸우고 죽고 죽이면서도 그런 기획이 실패한 틈새에서 서로 연대하면서 살아나가지 않을 수 없을 것이다. 약자들끼리 살아남아야 하는 것이 절박한 시대적 요청이므로.

1 마거릿 애트우드 외, 《곰과 함께》, 정해영 옮김, 민음사, 2017, 178쪽.

2 김초엽 외, 《팬데믹: 여섯 개의 세계》, 문학과지성사, 2020, 148쪽.

3 2021년 SBS 신년특집 〈세기의 대결: AI vs 인간〉 프로그램은 AI가 인간을 전 분야에 걸쳐서(주식, 금융영역, 노래, 작곡, 스포츠 등) 넘어설 수 있으며, 그런 면에서 이미 거대한 전환은 일어나고 있다는 점을 잘 보여주었다.

4 클라우스 슈밥, 티에리 말르레, 《클라우스 슈밥의 위대한 리셋》, 이진원 옮김, 메가스터디북스, 2021.

5 EBS 다큐 프라임, 〈포스트 코로나〉 5부작 중 4부 〈바이러스 인간〉 참조. 바이러스는 인류 진화의 방향을 바꿔냈을 뿐만 아니라 상호 공생공존적인 관계로 진화했다. 지층의 화석이 아니라 살아있는 인류의 몸 자체가 상호공존의 증거다. 코로나는 절멸시킬 수 있는 것이 아니라 문자 그대로 '위드 코로나' 할 수 밖에 없다고도 볼 수 있겠다.

6 마거릿 애트우드 외, 앞의 책, 49쪽.

7 서영민, 〈중국이 사라진다, 무슨 일이?〉, KBS, 2021. 6. 26. https://news.v.daum.net/v/20210610181512189?f=o(검색일: 2021. 6. 30).

8 아미타브 고시, 《대혼란의 시대》, 김홍옥 옮김, 에코리브르, 2021, 19쪽.

9 스베틀라나 알렉시예비치 《체르노빌의 목소리》, 김은혜 옮김, 새잎, 2011, 17쪽.

10 인류가 지질학적 행위자가 되었다는 의미에서 '인류세'라는 표현을 사용한다. 하지만 지질학자들 사이에서도 인류세를 학술적인 개념으로 받아들이지 않으면서 아직 논의가 분분하지만, 여기서는 그냥 사용하고자 한다.

11 최근의 장애학에 의하면 자폐인은 신경다양증자로, 비자폐인들은 신경전형증자로 부른다. .

12 한광택, 〈포스트휴머니즘, 신경과학, 인문학의 위기와 미래〉, 《비평과 이론》, 2019, vol 24, no 1, 통권 47호, 167–192쪽.

13 Nigel Thrift, Non-Representational Theory: Space, Politics, and Affect, London & New York, Routledge, 2008, p. 189.

14 Elizabeth Wilson, "The Biological Unconscious", Gut Feminism, Duke University Press, 2015, pp. 45–64.

15 캐서린 헤일즈, 《우리는 어떻게 포스트휴먼이 되었는가?》, 허진 옮김, 플래닛, 2013, 24쪽.

16 낸시 폴브레, 《보이지 않는 가슴》, 윤자영 옮김, 또하나의 문화, 2004, 116쪽.

17 더 케어 컬렉티브, 《돌봄선언: 상호의존의 정치학》, 정소영 옮김, 니케북스, 2021, 166쪽.

18 위의 책 78쪽. (한글판: 더글러스 크림프, 〈감염병의 시대에 우리의 문란한 사랑을 계속하는 법〉, 《애도와 투쟁》, 김수연 옮김, 현실문화, 2021).

19 Douglas Crimp, "How to Have Promiscuity in an Epidemic", October 43, 1987, p.235. (한글판: 더글러스 크림프, 〈감염병의 시대에 우리의 문란한 사랑을 계속하는 법〉, 《애도와 투쟁》, 김수연 옮김, 현실문화, 2021).

20 〈우리는 페미니즘과 싸운다〉, 《시사인》 605호, 2019년 4월 23일자.

21 SNS 상에서 진행된 성 전쟁은 이후 ≪근본 없는 페미니즘≫(김익명 외, 이프북스, 2018)으로 출간되었다.

22 최태섭, 〈오늘날의 남자문제를 사유하기: 내재적 접근〉, ≪여/성이론≫ 40호, 여성문화이론연구소, 2019.

23 카먼 마리아 마차도, 〈특히 극악한 범죄: '로 & 오더: 성범죄전담반' 272편에 대한 고찰〉, ≪그녀의 몸과 타인들의 파티≫, 엄일녀 옮김, 문학동네, 2021, 109–200쪽.

24 박순봉, 〈유승민 "여성가족부 폐지하겠다" 공약 낸 이유〉, ≪경향신문≫, 2021.07.06, https://www.khan.co.kr/politics/politics-general/article/202107061131011#csidxaac02fea408dd78bfcc076f790ba2a5(검색일: 2021. 8. 5).

25 서유근, 〈손 모양 하나에 남혐 몰렸다… GS25 불매에 朝청원까지 등장〉, ≪조선일보≫, 2021.05.03, www.chosun.com/national/2021/05/03/QRJHFO56PNGTHO675O34W5V5A4/(검색일: 2021. 8. 5)

26 김소연, 〈"안산 선수 금메달 박탈해야…페미'니까" 어이없는 집단 테러 논란〉, ≪한경닷컴≫, 2021.07.29, https://www.hankyung.com/society/article/2021072966317(검색일: 2021. 8. 5).

27 김소정, 〈여revved 여mong "안산, 페미인지 아닌지 답만 하면 된다"〉, ≪조선일보≫, 2021.08.05, https://news.v.daum.net/v/20210805110915574(검색일: 2021. 9. 30).

28 린 마굴리스, ≪공생자 행성≫, 이한음 옮김, 사이언스북스, 2007, 22–25쪽.

29 위의 책, 118–120쪽.

30 제임스 팁트리 주니어, ≪마지막으로 할 만한 멋진 일≫, 신해경 외 옮김, 아작, 2016, 26쪽.

31 슬라보예 지젝, ≪팬데믹 패닉: 코로나 19는 세계를 어떻게 뒤흔들었나≫, 강우성 옮김, 북하우스, 2020년, 135쪽에서 재인용.

32 Ursula K. Le Guin, "The Carrier Bag of Fiction", Dancing at the Edge of the World: Thoughts on Words, Women, Places, New York: Grove, 1989, pp. 165–70.

33 유발 하라리, ≪사피엔스≫, 조현욱 옮김, 이태수 감수, 김영사, 2017, 141쪽.

34 Ursula K. Le Guin, "The Author of the Acacia Seeds and Other Extracts from the Journal of the Association of Therolinguistics", Buffalo Gals and Other Animal Presence, New York: New American Library, 1988, pp. 167–178.

35 Donna Haraway, "Sowing Worlds", Staying with the Trouble, Duke University Press, 2016, p. 117.

36 Ibid., pp. 117–125.

37 어슬러 르 귄, ≪세상을 가리키는 말은 숲≫, 최준영 옮김, 황금가지, 2012, 106쪽.

38 위의 책, 31쪽.

39 Anna Lowenhaupt Tsing, The Mushroom at the End of the World: On the Possibility of Life in Capitalist Ruins, Princeton University Press, 2017.

40 Donna Haraway, Staying with the Trouble: Making Kin in the Chtulucene, Duke University, 2016, pp. 38–39.

41 최유미, ≪해러웨이, 공-산의 사유≫, 도서출판b, 2020, 30쪽.

42 위의 책, 30쪽.

43 Donna Haraway, Ibid., pp. 110–111.

44 Ibid., p. 123.

45 다너 해러웨이, ≪해러웨이 선언문≫, 황희선 옮김, 책세상, 2019.

46 2017년 2월 24일 금요일, 대한상공회의소에서 '주요 저출산 대책의 성과와 향후 발전 방향'이라는 주제 아래 '제13

차 인구포럼'이 개최되었다. 원종욱 한국보건사회연구원 인구영향평가센터장은 최근 포럼에서 출산율 하락의 원인이 여성의 고학력과 사회진출이라며 불필요한 휴학·연수 여성에게 취업 불이익을 주자고 주장했다. 20대 여성들로 구성된 단체 '불꽃페미액션'은 해당 보고서가 여성을 사회구성원이 아니라 출산 도구로 본다며 시위에 나섰다.

47 권명아, 《여자떼 공포, 젠더 어펙트 — 부대낌과 상호작용의 정치》, 갈무리, 2019.

48 신민정, 〈'불법촬영 편파수사 규탄' 3차 혜화역 시위에 6만명 모였다〉, 《한겨레》, 2018.07.07, https://www.hani.co.kr/arti/society/society_general/852321.html#csidx9a30e7b955c5bbc896653101b812752(검색일: 2021. 8. 5)

49 인류세(Anthropocene)는 인류를 뜻하는 'anthropos'와 시대를 뜻하는 'cene'의 합성어로 지질학적 용어로 사용된다. 지질학계에서 아직까지 정식으로 인정되고 있는 개념은 아니다. 홀로세처럼 자연현상으로 인해 지질변화가 초래된 것이 아니라, 인류세는 현존 인류의 행위로 인해 지질에 흔적을 남긴다는 점에서 새로운 지질시대의 시작으로 설정된 개념이다. 해러웨이는 인류세라는 개념 또한 인간이 지질 변화와 지구파괴의 거의 유일한 원인으로 설정하는 것 자체가 인간중심주의 사고라는 점에서 인류세 개념 대신 퇴비세라는 개념을 들고 나온 셈이다.

50 다너 해러웨이, 〈5장 카밀 이야기: 퇴비의 아이들〉, 《트러블과 함께하기》, 최유미 옮김, 마농지, 2021 참고.

51 Donna Haraway, "The Camille Stories: Children of Compost", Staying with the Trouble, pp. 134–160 참조.

52 마거릿 애트우드, 《나는 왜 SF를 쓰는가》, 양미래 옮김, 민음사, 2021. 서문 참조.

53 권재현, 〈한국문학 빅뱅이 시작됐다〉, 《주간동아》, 2020.01.05, https://www.donga.com/news/article/all/20200105/99083730/1(검색일: 2021. 8. 5).

54 Margaret Atwood, In Other Worlds: SF and the Human Imagination, Anchor, 2011.

55 조애나 러스, 《SF는 어떻게 여자들의 놀이터가 되었나》, 나현영 옮김, 포도밭출판사, 2020, 32쪽.

56 위의 책, 35쪽.

57 반다나 싱, 《자신을 행성이라 생각한 여자》, 김세경 옮김, 아작, 2018, 339쪽.

58 위의 책, 340쪽.

59 위의 책, 341쪽.

60 김보영, 〈지구의 하늘에는 별이 빛나고 있다〉, 《진화신화》, 행복한 책읽기, 2010, 89쪽.

61 위의 책, 343쪽.

62 조안나 러스 외, 《혁명하는 여자들》, 신해경 옮김, 아작, 2016, 7쪽.

63 위의 책, 239쪽.

64 어슐러 르 귄, 〈정복하지 않은 사람들〉, 위의 책, 250쪽.

65 위의 책, 263쪽.

66 조애나 러스, 앞의 책, 74쪽.

67 조기원, 〈성격차 열등생인 한국. 성 평등은 우등생?〉, 《한겨레》, 2021.03.07, https://www.hani.co.kr/arti/international/international_general/985776.html#csidx4b936265d09498c8c14090554febe1c(검색일: 2021. 8. 5).

68 해리 G. 프랭크퍼트, 《개소리에 대하여》, 이윤 옮김, 필로소픽, 2016, 51~54쪽.

69 김보영, 〈빨간 두건 아가씨〉, 《얼마나 닮았는가》, 아작, 2020, 75~76쪽.

70 옥타비아 버틀러, 《블러드차일드》, 이수현 옮김, 비채, 2016, 56쪽.

71 아프리카(Afro–)와 미래주의(futurism)의 합성어로, 아프리카 디아스포라의 신화, 문화, 역사와 테크노과학기술을 융

합시킨 일종의 SF 문화 양식이다. SF와 테크노컬처를 통해 흑인이 겪어 온 차별과 배제의 역사를 되돌아보고 흑인 위주의 미래의 약속에 관한 서사를 제시하는 운동이다.

72 아미타브 고시, 앞의 책, 19쪽.

73 해리엇 제이콥스, 《린다 브렌트 이야기: 어느 흑인 노예 소녀의 자서전》, 이재희 옮김, 뿌리와이파리, 2011. 린다 브렌트는 해리엇의 가명이었다. 1861년 이 자서전이 출판되었을 때, 글을 배울 수 없었던 흑인노예가 자유에의 끝없는 열정과 용기를 우아한 문제로 작성했다는 것으로 인해 진위 논란이 많았다.

74 옥타비아 버틀러, 〈마사의 책〉, 《블러드차일드》, 이수현 옮김, 비채, 2016, 223–258쪽.

75 위의 책, 228쪽.

76 M. Bailey, "Vampires and Cyborgs: Transhuman ability and ableism in the work of Octavia Butler and Janelle Monáe", *Social Text Online*, 2012, January 4.

77 동물해방론자인 피터 싱어가 말하는 쾌고감수능력(sentience)이란 어떤 존재가 고통과 쾌락을 느끼는 능력치를 뜻한다. 그는 동물을 고통으로부터 해방시키려면 동물의 도덕적 지위를 인정해야 한다고 본다. 동물도 고통을 느끼는 쾌고감수능력이 있다. 그러므로 인종 차별, 성 차별, 계급 차별과 마찬가지로 종 차별은 잘못된 것이다. 동물 또한 이해관계를 갖고 있으므로, 인간, 동물의 이해관계를 동등하게 배려해야 한다고 본다. 벤담의 공리주의 철학처럼 모든 존재는 고통을 줄이고 쾌를 증가시키려고 한다는 점에서 동물 자신의 이해관계를 가지고 있기 때문이다. 그러므로 쾌고감수능력을 바탕으로 모든 존재의 이해관계는 동등하게 고려되어야 한다는 것이다.

78 Octavia Butler, *Parables of the Sower*, Grand Central Publishing; Reprint edition, 2019, p. 98.

79 〈씨 뿌리는 자의 우화가 있는 풍경〉은 네덜란드, 플랑드르 화가인 브뤼헐의 작품으로 현재는 샌디에고 소재 팀켄 미술관에 소장되어 있다. 이 그림에서 화가는 자신을 직접 씨 뿌리는 자로, 강 건너편 백사장에서 예수는 회중을 모아놓고 씨 뿌리는 자의 우화를 들려주는 자로 그리고 있다. 브뤼헐이 그린 풍경이 신약에 바탕을 둔 씨 뿌리는 자에 대한 남성화가의 해석이라고 한다면, 옥타비아 버틀러는 기독교적인 씨 뿌리는 자의 우화를 비틀어놓는다. 백인남성어른이 아니라 어린 흑인여자아이틀의 새로운 종교인 어스씨드(Earthseed)의 씨 뿌리는 자로 설정함으로써 급진적인 페미니스트의 상상력을 발휘하고 있다.

80 옥타비아 버틀러, 《와일드 시드》, 조호근 옮김, 비채, 2019.

81 위의 책, 44쪽.

82 다너 해러웨이, 《해러웨이 선언문》, 황희선 옮김, 책세상, 2019, 80쪽.

83 옥타비아 버틀러, 《블러드차일드》, 244쪽.

84 위의 책, 254쪽.

85 위의 책, 114쪽.

86 Jane Gallop, 'Introduction: Theoretical Underpinnings', *Sexuality, Disability, and Aging: Queer Temporalities of the Phallus*, Durham and London: Duke UP, 2019, p. 1.

87 *Ibid.*, pp. 1–12.

88 수나우라 테일러, 《짐을 끄는 짐승들》, 이마즈 유리, 장한길 옮김, 오월의봄, 2020년, 53–54쪽.

89 일라이 클레어, 《망명과 자긍심》, 전혜은, 제이 옮김, 현실문화연구, 2020, 10–30쪽.

90 장혜영의 〈세상을 바꾸는 시간, 15분〉 강연을 참조. https://youtu.be/YJ56LVw5_H8

91 앨리슨 케이퍼, 〈욕망과 혐오: 추종주의 안에서 내가 겪은 양가적 모험〉, 《여/성이론》 39호, 전혜은 옮김, 2018, 48–86쪽.

92 김초엽, 김원영, 《사이보그가 되다》, 사계절, 2020, 233–240쪽.

93　수나우라 테일러, 앞의 책, 45쪽 재인용.

94　Alison Kafer, "Compulsory Bodies: Reflections on Heterosexuality and Ablebodiedness" *Journal of Women's History* 15, no.e, 2003, p. 78.

95　곽성순, 〈국내 전체 장애인 중 발달장애인 비율 10% 육박〉, 《청년의사》, 2021.04.19. https://www.docdocdoc.co.kr/news/articleView.html?idxno=2009793(검색일: 2021. 8. 5).

96　수나우라 테일러, 앞의 책, 37~102쪽 참고.

97　위의 책, 122쪽.

98　위의 책, 126쪽.

99　위의 책, 127쪽에서 재인용.

100　Licia Carlson and Eva Feder Kittay, *Cognitive Disability and Its Challenge to Moral Philosophy*, John Wiley & Sons, 2010, p. 318.

101　자폐증 연구자이자 동물 옹호가인 대니얼 살로먼(Daniel Salomon)은, 신경전형주의는 전형적 신경을 가진(자폐증이 아닌) 뇌 구조를 가진 사람들에게 특징적인 인지 과정을 특권화하는 반면, 자폐 성향이 있는 인간이나 비인간 동물들에게 자연스러운 다른 형태의 인지 과정은 최소한 암묵적으로는 열등한 것으로 간주한다고 썼다.

102　수나우라 테일러, 앞의 책, 142쪽.

103　위의 책, 288~302쪽.

104　김초엽, 김원영, 앞의 책, 43~45쪽.

105　Aimi Hamraie and Kelly Fritsch, "Crip Technoscience Manifesto", *Catalyst: Feminism, Theory, Technoscience*, Vol. 5, No. l, 2019, pp. 1~33.

106　Paul Longmore, "The Second Phase: From Disability Rights to Disability Culture", *Disability, The Social, Political and Ethical Debate*, ed. Robert M. Baird, Stuart E. Rosenbaum, and S. Kay Toombs, Prometheus Books, 2009, p. 147.

107　Alison Kafer, "Crip Kin Manifesting", *Catalyst: Feminism, Theory, Technoscience*, Vol. 5, No. l, 2019, pp. 1~37

108　사진은 Alison Kafer, "Crip Kin Manifesting," p. 20에서 재인용.

109　Aimi Hamraie and Kelly Fritsch, "Crip Technoscience Manifesto", *Catalyst: Feminism, Theory, Technoscience*, Vol. 5, No. l, 2019.

110　Anne McDonald, "Crip Time", Anne McDonald Centre, http://www.annemcdonaldcentre.org.au/crip -time.

111　Mallory Kay Nelson, Ashley Shew and Bethany Stevens, "Transmobility: Rethinkingthe Possibilities in Cyborg(Cripborg) Bodies", *Catalyst: Feminism, Theory, Technoscience*, Vol. 5, No. 1, 2019.

112　김초엽, 김원영, 앞의 책, 285~307쪽.

113　위의 책, 233~240쪽.

114　엘리자베스 문, 《어둠의 속도》, 정소연 옮김, 북스피어, 2007, 175쪽.

115　위의 책, 346쪽.

116　위의 책, 142쪽.

117　위의 책, 425쪽.

118　김초엽, 〈인지 공간〉, 《2020 젊은 작가상 수상작품집》, 문학동네, 2020, 217~243쪽.

119 위의 책, 237-238쪽.

120 엄남석, 〈장애인도 우주비행사 꿈 이룬다: 유럽우주국 문호개방〉, https://www.yna.co.kr/view/AKR20210217061000009(검색일: 2021. 8. 5).

121 https://www.esa.int/About_Us/Careers_at_ESA/ESA_Astronaut_Selection/Parastronaut_feasibility_project(검색일: 2021. 8. 5).